DECISIONES CRÍTICAS

Manejo de Crisis y Escenarios Complejos

CONSULTORIA IA

Copyright © 2024 CONSULTORIA IA

All rights reserved

The characters and events portrayed in this book are fictitious. Any similarity to real persons, living or dead, is coincidental and not intended by the author.

No part of this book may be reproduced, or stored in a retrieval system, or transmitted in any form or by any means, electronic, mechanical, photocopying, recording, or otherwise, without express written permission of the publisher.

Cover design by: Art Painter
Library of Congress Control Number: 2018675309
Printed in the United States of America

A NUESTRA FAMILIA

CONTENIDOS

Titulo

Derechos de autor

Dedicatoria

Breve Reseña

¿Por qué leer "Decisiones Críticas: Manejo de Crisis y Escenarios Complejos"?

Audiencia Objetivo de "Decisiones Críticas: Manejo de Crisis y Escenarios Complejos"

Prólogo

Diálogo Ficticio: Steve Jobs, Elon Musk y Albert Einstein sobre "Decisiones Críticas"

Capítulo 1: Comprendiendo la Crisis y su Impacto

Capítulo 2: Estrategias de Toma de Decisiones en Situaciones Críticas

Capítulo 3: Gestión de Escenarios Complejos y Adaptación

Capítulo 4: Comunicación y Liderazgo Durante y Después de la Crisis

Capítulo 5: Casos de Estudio: Lecciones del Mundo Real

Apéndices

BREVE RESEÑA

Este libro es una guía estratégica diseñada para líderes y tomadores de decisiones que enfrentan desafíos en entornos de alta incertidumbre. A través de análisis detallados y estudios de caso reales, "Decisiones Críticas" ofrece herramientas prácticas y marcos conceptuales para gestionar crisis, prever escenarios complejos y tomar decisiones informadas en situaciones críticas. Explora cómo organizaciones, gobiernos y empresas pueden no solo sobrevivir, sino prosperar en momentos de caos, utilizando el pensamiento estratégico, la planificación ante contingencias y la gestión del riesgo para navegar entornos turbulentos.

¿POR QUÉ LEER "DECISIONES CRÍTICAS: MANEJO DE CRISIS Y ESCENARIOS COMPLEJOS"?

Este libro es una herramienta indispensable para cualquier líder que desee mejorar su capacidad para enfrentar crisis y tomar decisiones bajo presión. A lo largo de sus páginas, descubrirás:

1. Estrategias probadas: Se presentan métodos efectivos utilizados por grandes empresas, gobiernos y organizaciones globales para superar crisis complejas.

2. Anticipación y preparación: Te ayudará a prever escenarios inciertos y a prepararte con planes de contingencia sólidos, minimizando el impacto negativo de lo inesperado.

3. Desarrollo de liderazgo: Aprenderás a fortalecer tu toma de decisiones en momentos críticos, mejorando tu capacidad para liderar con confianza en tiempos de caos e incertidumbre.

4. Casos reales: El libro incluye estudios de caso inspiradores y prácticos que ilustran cómo algunos de los líderes más exitosos han manejado desafíos significativos.

5. Herramientas prácticas: Proporciona marcos y modelos que podrás aplicar directamente a tu organización para gestionar riesgos, reducir daños y aprovechar oportunidades en medio de la crisis.

Es una lectura esencial para empresarios, ejecutivos, tomadores de decisiones y aquellos que desean estar mejor preparados para enfrentar lo impredecible en un mundo en constante cambio.

AUDIENCIA OBJETIVO DE "DECISIONES CRÍTICAS: MANEJO DE CRISIS Y ESCENARIOS COMPLEJOS"

1. Líderes empresariales y ejecutivos: Directores generales, gerentes y líderes de áreas clave que necesitan tomar decisiones estratégicas bajo presión y gestionar equipos en momentos de crisis.

2. Emprendedores y dueños de negocios: Aquellos que enfrentan incertidumbre en mercados cambiantes y buscan formas efectivas de navegar situaciones complejas y proteger sus inversiones.

3. Consultores de gestión y estrategia: Profesionales encargados de asesorar a empresas en la toma de decisiones críticas y la planificación de contingencias.

4. Funcionarios gubernamentales y gestores de crisis: Individuos que trabajan en la gestión de políticas públicas, seguridad y emergencias, que necesitan desarrollar habilidades de liderazgo en situaciones de alto riesgo.

5. Profesionales de la gestión de riesgos: Aquellos que trabajan en la evaluación y mitigación de riesgos en sectores como finanzas, seguros y tecnología, donde la toma de decisiones acertadas es clave para la supervivencia y el éxito.

6. Estudiantes de administración y líderes emergentes: Jóvenes profesionales o estudiantes que buscan adquirir conocimientos sobre manejo de crisis y habilidades en la toma de decisiones complejas para su futura carrera.

PRÓLOGO

En un mundo donde la incertidumbre se ha convertido en la única constante, la capacidad para tomar decisiones acertadas bajo presión se ha transformado en una habilidad crítica. Las crisis no avisan ni respetan tiempos. Surgen inesperadamente, poniendo a prueba tanto a individuos como a organizaciones. Sin embargo, es en estos momentos de caos cuando los líderes más fuertes se forjan, y las decisiones más trascendentales se toman.

Este libro nace de la profunda necesidad de ofrecer a líderes, empresarios y tomadores de decisiones las herramientas necesarias para navegar por aguas turbulentas. A lo largo de mi carrera, he sido testigo de cómo las crisis, lejos de ser solo amenazas, pueden convertirse en catalizadores de crecimiento e innovación, siempre y cuando se gestionen con claridad, estrategia y visión.

El manejo de crisis no se trata solo de apagar incendios. Es una disciplina que exige preparación, adaptación y, sobre todo, una capacidad de análisis rápido y efectivo. Es en esos momentos, cuando la presión es máxima y las opciones parecen escasas, que se ponen a prueba nuestras habilidades para pensar en escenarios complejos y tomar decisiones que definan el futuro de nuestras organizaciones y nuestras vidas.

Este libro ha sido diseñado para guiarte en ese proceso. No solo encontrarás marcos teóricos y estrategias probadas, sino también historias reales de aquellos que han enfrentado lo peor y han salido fortalecidos. Las lecciones que se comparten aquí no son fruto de la especulación, sino de la experiencia vivida en el campo de batalla, ya sea en empresas multinacionales, gobiernos, o en pequeñas startups que se enfrentan a un entorno cambiante y desafiante.

"Decisiones Críticas" es más que una colección de principios y consejos. Es una invitación a replantear la manera en que enfrentamos lo inesperado, a ver las crisis no solo como obstáculos, sino como oportunidades para crecer, aprender y liderar con mayor fortaleza. Cada página está pensada para brindarte una visión clara y práctica de cómo puedes convertir el caos en una ventaja competitiva.

En estos tiempos de volatilidad, espero que este libro te proporcione las herramientas y la confianza para enfrentar lo incierto con decisión y valentía. Porque al final, no se trata de evitar la crisis, sino de estar preparado para actuar cuando esta llegue.

CONSULTORIA IA

DIÁLOGO FICTICIO: STEVE JOBS, ELON MUSK Y ALBERT EINSTEIN SOBRE "DECISIONES CRÍTICAS"

Steve Jobs: Miren, chicos, en un mundo donde todo cambia tan rápidamente, ¿cómo decidimos cuándo arriesgarnos y cuándo jugar a lo seguro? ¿Qué piensan que es más crucial en tiempos de crisis: la intuición o el análisis?

Elon Musk: Creo que es un equilibrio. La intuición puede ser una guía poderosa, pero sin datos que la respalden, puede ser peligrosa. En SpaceX, cuando enfrentamos problemas técnicos, no solo confío en mi instinto; revisamos datos y hacemos simulaciones. La clave es ser audaz, pero también inteligente en nuestras decisiones.

Albert Einstein: Interesante. Me gusta pensar que, en una crisis, el análisis debe ir acompañado de creatividad. No se trata solo de reaccionar; a veces, debemos ser innovadores. En mis propias investigaciones, he aprendido que a menudo la solución no es evidente y requiere un pensamiento divergente.

Steve Jobs: Así es, Albert. La creatividad es fundamental, pero también lo es la resiliencia. La gente no siempre entiende que las crisis pueden ser oportunidades disfrazadas. ¿Cómo fomentamos esa mentalidad en nuestros equipos?

Elon Musk: Fomentando una cultura donde el fracaso no es el fin, sino una parte del proceso de aprendizaje. Cuando alguien experimenta un revés, debe sentir que tiene el apoyo para seguir intentándolo, incluso si eso significa enfrentar el riesgo.

Albert Einstein: Estoy de acuerdo. La verdadera sabiduría reside en aprender de cada experiencia, en cada error. Debemos incentivar a los demás a cuestionar y explorar nuevas posibilidades, incluso en tiempos difíciles.

Steve Jobs: Así que, en resumen, es un viaje. Un equilibrio entre la intuición, el análisis, la creatividad y la resiliencia. ¿No es esa la esencia de cómo deberíamos enfrentar las crisis?

CAPÍTULO 1: COMPRENDIENDO LA CRISIS Y SU IMPACTO

1.1. Definición y tipos de crisis

Comprendiendo la crisis: un desafío y una oportunidad

Una crisis es un momento de decisión, un punto crucial en el cual el camino que elijamos puede marcar una diferencia trascendental. En términos simples, una crisis puede definirse como una situación o serie de eventos inesperados que presentan una amenaza significativa para una persona, organización o sistema. Las crisis no solo generan incertidumbre, sino que también exigen una respuesta rápida y eficaz para evitar consecuencias adversas.

Sin embargo, más allá del caos que parece traer consigo, cada crisis esconde la semilla de la oportunidad. Tal como el antiguo proverbio chino lo señala, el carácter para "crisis" combina dos conceptos: "peligro" y "oportunidad". Esta dualidad es clave para entender que las crisis, aunque puedan parecer el fin de algo, también pueden ser el comienzo de una transformación, un renacimiento, una oportunidad para el cambio positivo.

Cuando se navega una crisis con inteligencia, no solo se superan los desafíos inmediatos, sino que también se puede emerger con mayor resiliencia, nuevas estrategias y una comprensión más profunda de las capacidades propias o de la organización. Es en este punto donde la crisis deja de ser una simple amenaza y se convierte en una plataforma para la evolución.

Tipos de crisis: Una visión práctica y estratégica

Para abordar con éxito una crisis, es fundamental entender que no todas las crisis son iguales. Existen varios tipos de crisis, cada una con sus particularidades, causas, y formas de gestión. A continuación, exploraremos algunos de los tipos de crisis más comunes que podemos enfrentar, desde un enfoque estratégico, práctico y reflexivo.

1. Crisis económicas

Las crisis económicas son probablemente las más reconocidas a nivel mundial, ya que afectan no solo a individuos, sino a países enteros e incluso al sistema financiero global. Estas crisis pueden incluir recesiones, depresiones, colapsos de mercado, hiperinflación, entre otros. Ejemplos notables incluyen la Gran Depresión de los años 30, la crisis financiera de 2008, y más recientemente, la crisis generada por la pandemia del COVID-19.

Impacto: Estas crisis suelen traer consigo la pérdida de empleos, la caída del valor de activos, aumento en los niveles de pobreza y desigualdad, y una contracción general de la actividad económica.

Estrategia: Enfrentar una crisis económica requiere tanto de una respuesta institucional como individual. A nivel personal o empresarial, es crucial adoptar un enfoque de resiliencia financiera, optimizando recursos, explorando nuevas oportunidades de ingreso, y desarrollando planes de contingencia. A nivel gubernamental, las políticas fiscales y monetarias juegan un rol clave en estabilizar la economía.

Inspirador: Si bien una crisis económica puede ser devastadora, también puede catalizar la innovación y el cambio en los modelos de negocio. Muchas de las empresas más exitosas del mundo surgieron o se reinventaron en tiempos de recesión.

2. Crisis sociales

Las crisis sociales ocurren cuando un grupo o comunidad enfrenta conflictos internos o externos que afectan su cohesión y bienestar. Pueden ser causadas por desigualdades económicas, tensiones raciales, políticas opresivas, desastres naturales o pandemias, como hemos visto en los últimos años.

Impacto: Estas crisis pueden resultar en protestas, disturbios, o en casos extremos, guerras civiles. Además, afectan la confianza en las instituciones y la cohesión social.

Estrategia: La resolución de una crisis social exige liderazgo empático y un enfoque centrado en la justicia y el diálogo. Es esencial escuchar a las partes afectadas, crear mecanismos de mediación, y, en muchos casos, implementar reformas estructurales que aborden las raíces de los conflictos.

Inspirador: Las crisis sociales pueden parecer el colapso de un orden, pero también son las puertas de entrada para cambios significativos en derechos civiles, inclusión social, y equidad. A lo largo de la historia, momentos de gran convulsión social han precedido importantes avances en derechos humanos y justicia social.

3. Crisis medioambientales

Las crisis medioambientales, como el cambio climático, la deforestación, y la pérdida de biodiversidad, representan desafíos globales que afectan a toda la humanidad. Estas crisis son exacerbadas por actividades humanas como la sobreexplotación de recursos naturales, la contaminación, y la falta de regulaciones efectivas.

Impacto: Estas crisis no solo ponen en peligro ecosistemas vitales, sino que también afectan la vida de millones de personas a través de desastres naturales, inseguridad alimentaria, y migraciones masivas.

Estrategia: La respuesta a una crisis medioambiental debe ser colaborativa, involucrando a gobiernos, corporaciones, y ciudadanos. La implementación de políticas sostenibles, la inversión en energías limpias y la protección de los ecosistemas son pasos esenciales para mitigar estos riesgos.

Inspirador: Las crisis medioambientales también han inspirado movimientos globales para la conservación y la sostenibilidad. De estas crisis han surgido líderes ambientales, innovaciones ecológicas y un mayor compromiso mundial hacia un planeta más saludable.

4. Crisis de salud

Las crisis de salud, como la pandemia del COVID-19, han demostrado lo vulnerables que somos como sociedad global ante amenazas a nuestra salud. Estas crisis pueden incluir epidemias, pandemias, colapsos en los sistemas de salud, o crisis de salud mental a gran escala.

Impacto: Pueden colapsar sistemas de salud, generar pánico y desinformación, e impactar gravemente la economía y la estabilidad social.

Estrategia: Para gestionar una crisis de salud es fundamental la coordinación entre gobiernos, organismos internacionales y el sector privado. La preparación, la respuesta rápida y el acceso a la información verificada son claves para minimizar el impacto. A nivel personal, cuidar la salud física y mental se convierte en prioridad.

Inspirador: La humanidad ha demostrado una increíble capacidad para superar crisis de salud a través de la innovación científica, la cooperación global y el espíritu de solidaridad. Cada crisis de salud nos ha dejado más fuertes y mejor preparados para el futuro.

5. Crisis empresariales

En el ámbito empresarial, una crisis puede surgir de múltiples fuentes: desde una mala gestión financiera, hasta un problema reputacional o una crisis de liderazgo. Un ejemplo común son las crisis derivadas de una mala atención al cliente que generan un impacto negativo en la marca.

Impacto: Las crisis empresariales pueden dañar seriamente la reputación de una empresa, erosionar la confianza de los clientes y los accionistas, y, en los peores casos, llevar a la quiebra.

Estrategia: La clave para manejar una crisis empresarial es la anticipación. Contar con un plan de gestión de crisis bien estructurado, ser transparentes en la comunicación y actuar con rapidez y empatía son factores que pueden evitar el colapso y, en muchos casos, transformar la adversidad en una nueva oportunidad para innovar.

Inspirador: Grandes empresas han utilizado momentos de crisis como trampolines hacia el éxito. Aquellas que adoptan una postura proactiva, enfocada en soluciones y mejora continua, no solo sobreviven, sino que muchas veces salen más fortalecidas que antes.

Las crisis son inevitables. Son una parte intrínseca de la vida, los negocios y la sociedad. Lo que marca la diferencia no es si nos enfrentamos a ellas o no, sino cómo lo hacemos. Las crisis nos ofrecen una oportunidad única para demostrar nuestro carácter, para innovar, para aprender y para crecer.

Con una mentalidad resiliente y estratégica, cada crisis puede convertirse en un escalón hacia un futuro más fuerte y exitoso. Al comprender los distintos tipos de crisis, no solo nos preparamos mejor para enfrentarlas, sino que también nos empoderamos para convertir el caos en una oportunidad de transformación y progreso.

En tiempos difíciles, recuerda que la crisis es tanto un reto como una oportunidad. Es en los momentos de mayor incertidumbre donde se forjan los líderes más sólidos, las empresas más innovadoras y las soluciones más creativas.

1.2. Efectos psicológicos y emocionales en la toma de decisiones

Las crisis son detonantes poderosos de reacciones psicológicas y emocionales, y estas respuestas pueden ser tan diversas como las personas que las enfrentan. Cuando las decisiones deben tomarse bajo presión, el miedo, la ansiedad y el estrés pueden distorsionar la capacidad de juicio, lo que lleva a errores que exacerban la situación. En un contexto de incertidumbre, el ser humano tiende a caer en sesgos cognitivos como el de confirmación, donde se busca información que refuerce creencias preexistentes, o el sesgo de aversión a la pérdida, que lleva a decisiones conservadoras para evitar el riesgo, aunque no siempre sea la mejor opción. Por ejemplo, en el caso de la crisis financiera de 2008, muchos inversionistas entraron en pánico al ver colapsar los mercados, vendiendo sus activos en un momento en que mantener la calma hubiera sido más rentable. Este miedo irracional llevó a decisiones precipitadas, generando una espiral descendente que agravó el caos en los mercados globales.

La presión por tomar decisiones rápidas y la incertidumbre hacen que la carga emocional crezca de manera exponencial. El estrés crónico puede, por ejemplo, disminuir la capacidad de procesar información de manera efectiva, volviendo a las personas reactivas en lugar de proactivas. En el ámbito corporativo, esto se ha visto en grandes crisis empresariales como el desastre de Volkswagen con las emisiones de diésel, donde las malas decisiones tomadas en las alturas de la organización fueron potenciadas por un entorno de presión y expectativas inalcanzables. Estas decisiones emocionales derivaron en uno de los mayores escándalos industriales del siglo, dañando gravemente la reputación de la empresa. El desafío que aquí se plantea es cómo gestionar eficazmente las emociones bajo estrés, y cómo crear una cultura en la que las decisiones estratégicas no sean tomadas desde el pánico o la presión del momento, sino con una visión más calmada y objetiva. ¿Cómo es posible construir mecanismos psicológicos de resiliencia que minimicen el impacto del estrés y la incertidumbre en la toma de decisiones críticas? Este es un tema que exige no solo entrenamiento, sino también preparación psicológica.

1.3. La importancia de la preparación anticipada

La preparación anticipada no solo disminuye el impacto de las crisis, sino que también permite una mejor gestión emocional y psicológica durante las mismas. Una organización, o un individuo, que ha anticipado posibles escenarios de crisis está en una posición más fuerte para actuar de manera rápida y efectiva. No se trata solo de prever lo previsible, sino de estar preparado para lo inesperado, de tener la flexibilidad para adaptarse rápidamente a nuevas realidades. Esto se ve claramente en el ámbito empresarial y gubernamental. Durante la pandemia del COVID-19, aquellos países y empresas que ya contaban con planes de contingencia y estructuras flexibles pudieron adaptarse con mayor facilidad. Países como Nueva Zelanda implementaron protocolos estrictos con antelación y lograron minimizar los efectos devastadores del virus. En el ámbito empresarial, empresas como Amazon, gracias a su capacidad logística y a su cultura de innovación, no solo sobrevivieron sino que prosperaron ante una demanda sin precedentes. La preparación, en este caso, no solo fue clave para la supervivencia, sino para el crecimiento.

El verdadero reto está en superar la complacencia y en generar conciencia de que una preparación efectiva para crisis no es solo una cuestión reactiva, sino proactiva. Una organización o un individuo preparado se enfrenta a las crisis con una mentalidad diferente: no como una catástrofe imprevista, sino como un desafío esperado para el cual ya se han diseñado soluciones. Esta preparación también tiene un impacto directo en la resiliencia emocional y psicológica, pues disminuye los niveles de incertidumbre y ansiedad. ¿Cómo puede una organización estructurar su preparación de manera que no solo abarque escenarios previsibles, sino que también sea flexible y capaz de adaptarse a lo desconocido? Además, ¿cómo se puede cultivar una cultura que fomente la preparación y que integre estos principios a todos los niveles organizativos y personales? Estos interrogantes reflejan el núcleo de una gestión de crisis efectiva y de una toma de decisiones sólida en tiempos inciertos.

Temática	Desafío para los líderes	Tendencias y posibles respuestas
1. Toma de decisiones bajo presión	La necesidad de tomar decisiones rápidas y críticas en situaciones de crisis.	Implementar mecanismos de toma de decisiones escalonados, fomentar el pensamiento basado en datos.
2. Manejo del estrés y la ansiedad	Gestionar el estrés personal y de los equipos durante periodos de incertidumbre.	Desarrollar programas de bienestar emocional y prácticas de mindfulness; capacitación en resiliencia.
3. Sesgos cognitivos en tiempos de crisis	Las decisiones afectadas por sesgos como la aversión a la pérdida y el sesgo de confirmación.	Promover una toma de decisiones basada en evidencia; crear equipos diversos para contrarrestar sesgos.
4. Comunicación en tiempos de crisis	Garantizar una comunicación clara y efectiva con los empleados y stakeholders.	Priorizar la transparencia; utilizar la comunicación frecuente y directa en múltiples plataformas.
5. Adaptabilidad en entornos volátiles	Ajustar las estrategias y operaciones rápidamente ante cambios repentinos en el mercado.	Crear estructuras organizacionales ágiles y flexibles; fomentar la innovación y el pensamiento lateral.
6. Preparación ante crisis imprevistas	Estar preparado para eventos imprevistos que puedan afectar el negocio de forma significativa.	Desarrollar planes de contingencia actualizados; simular escenarios de crisis para mejorar la respuesta.

7. Gestión de equipos remotos	Coordinar y mantener la productividad de equipos dispersos geográficamente.	Adoptar herramientas digitales avanzadas; establecer políticas claras de trabajo remoto y comunicación.
8. Mantener la moral del equipo	Evitar que el miedo y la incertidumbre afecten la motivación y cohesión de los equipos.	Implementar programas de reconocimiento y apoyo emocional; crear un entorno de trabajo colaborativo.
9. Innovación en tiempos de crisis	Fomentar la creatividad y la innovación en medio de la presión y las restricciones financieras.	Apoyar la experimentación con bajo riesgo; aprovechar las crisis para reinventar procesos y productos.
10. Resiliencia organizacional	Asegurar que la compañía pueda resistir y recuperarse rápidamente de las crisis.	Invertir en diversificación, flexibilidad operativa y tecnología que ayude a anticipar cambios.

CAPÍTULO 2: ESTRATEGIAS DE TOMA DE DECISIONES EN SITUACIONES CRÍTICAS

2.1. Liderazgo efectivo en tiempos de crisis

Cuando las tormentas amenazan con hundir el barco, es el capitán quien debe tomar el timón con firmeza, y lo mismo ocurre en el mundo del liderazgo. Los momentos de crisis son las verdaderas pruebas del liderazgo; es allí donde se revela la capacidad de una persona para tomar decisiones con claridad, serenidad y confianza. La clave no es evitar la crisis, sino manejarla de forma tal que se convierta en una oportunidad para el crecimiento y el fortalecimiento del equipo. En este capítulo, exploraremos cómo los líderes pueden navegar con éxito las aguas turbulentas de una crisis y salir no solo indemnes, sino fortalecidos.

1. Mantén la calma en el ojo del huracán

El primer paso para liderar con eficacia en tiempos de crisis es mantener la calma. Cuando todo a tu alrededor parece desmoronarse, el instinto natural puede ser el pánico o la indecisión. Sin embargo, un líder efectivo es capaz de controlar sus emociones y proyectar una sensación de serenidad que inspire confianza en su equipo. Mantener la cabeza fría no solo es vital para tomar decisiones racionales, sino también para influir positivamente en los demás.

Este principio se aplica tanto a líderes empresariales como a cualquier persona que se encuentre en una posición de responsabilidad en tiempos difíciles. Los equipos buscan un ancla, alguien que ofrezca estabilidad y dirección en medio de la incertidumbre. Mostrar pánico o dudas puede erosionar rápidamente la moral y llevar al caos.

¿Cómo mantener la calma cuando todo parece estar en llamas? La clave está en la preparación mental. Practica técnicas de control emocional, como la respiración profunda, la meditación o simplemente aprender a tomar unos segundos antes de reaccionar. Esto te permitirá responder con claridad en lugar de reaccionar impulsivamente.

2. Evalúa la situación con objetividad

Uno de los errores más comunes en una crisis es reaccionar antes de comprender completamente el problema. Un líder efectivo toma el tiempo necesario para analizar la situación desde múltiples ángulos. ¿Qué está en juego realmente? ¿Cuáles son los riesgos inmediatos y a largo plazo? ¿Quiénes están afectados y cómo?

La capacidad para evaluar con objetividad permite distinguir entre los problemas urgentes y los importantes. A veces, las crisis generan una avalancha de pequeños problemas que pueden parecer críticos en el momento, pero no todos requieren la misma atención inmediata. Priorizar con inteligencia es clave para tomar decisiones efectivas.

Además, en esta etapa es crucial recopilar información de múltiples fuentes. No te limites a tu propia perspectiva; consulta con otros miembros de tu equipo o asesores de confianza que puedan ofrecer una visión distinta. Los líderes que toman decisiones aisladas corren el riesgo de cometer errores costosos debido a la falta de datos o puntos de vista alternativos.

3. Comunicación clara y constante

En tiempos de crisis, la incertidumbre es una de las mayores fuentes de ansiedad. Los equipos pueden sentirse desorientados si no tienen una comunicación clara por parte de sus líderes. Por eso, uno de los roles más importantes del liderazgo en estos momentos es asegurar que todos los involucrados estén bien informados sobre la situación actual, los próximos pasos y las expectativas.

Una buena comunicación no solo implica claridad, sino también frecuencia. Es importante mantener a las personas al tanto de los avances, incluso si no hay grandes novedades. Esto evita la propagación de rumores o malentendidos que podrían agravar la situación. Al mismo tiempo, sé honesto. Si hay incertidumbres o áreas en las que aún no se tienen respuestas claras, comunícalo de manera abierta. Las personas valoran la honestidad, incluso si la noticia no es buena.

Recuerda también que la comunicación no es solo descendente (del líder al equipo). Los líderes deben estar abiertos a escuchar a su equipo, porque a menudo, las mejores ideas o soluciones pueden venir desde la base. Fomenta una cultura en la que las personas se sientan seguras de compartir sus preocupaciones, sugerencias o posibles soluciones.

4. Actúa con decisión, pero con flexibilidad

Una vez que hayas evaluado la situación y comunicado claramente con tu equipo, es el momento de actuar. La indecisión en una crisis puede ser fatal. Los líderes efectivos entienden que, aunque es crucial tomar decisiones basadas en información sólida, también es importante actuar con rapidez. En una crisis, el tiempo es un recurso valioso.

Sin embargo, ser decisivo no significa ser rígido. La flexibilidad es fundamental, ya que las situaciones de crisis son, por naturaleza, volátiles y cambiantes. Lo que funciona hoy podría no funcionar mañana, y los líderes deben estar dispuestos a ajustar su curso según sea necesario. El equilibrio entre la decisión y la adaptabilidad es una de las habilidades más difíciles pero más importantes que un líder puede desarrollar.

Por ejemplo, durante una crisis financiera, un líder puede decidir reducir ciertos gastos para proteger la viabilidad de la empresa. Sin embargo, si la situación cambia y hay una oportunidad para invertir en un área clave que podría generar crecimiento, ese líder debe estar dispuesto a revisar su decisión original.

5. Empodera a tu equipo

Un líder fuerte no lleva el peso de la crisis solo sobre sus hombros. En lugar de intentar controlarlo todo, los líderes efectivos delegan responsabilidades y empoderan a su equipo para que tomen decisiones en sus áreas de competencia. Esto no solo alivia la carga del líder, sino que también permite que los equipos se sientan más involucrados y comprometidos con la solución de la crisis.

El empoderamiento es particularmente crucial en situaciones de crisis, ya que el ritmo de los eventos puede ser tan rápido que un líder no puede, ni debe, estar a cargo de todas las decisiones. Delegar de manera efectiva significa confiar en las capacidades de los miembros del equipo y darles la autonomía para tomar decisiones rápidas.

Es aquí donde se construye la verdadera cultura de liderazgo. Un equipo empoderado, que se siente valorado y capaz, será más proactivo y capaz de encontrar soluciones creativas. Pero el empoderamiento no solo significa dar responsabilidades; también implica asegurarse de que el equipo tenga los recursos y el apoyo necesarios para tener éxito.

6. Aprende de la crisis y fortalece tu liderazgo

Toda crisis trae consigo valiosas lecciones. Un líder efectivo es capaz de reflexionar sobre lo ocurrido, identificar qué funcionó y qué no, y aprender de esas experiencias. Es en los momentos difíciles donde más crecimiento ocurre, tanto a nivel personal como organizacional.

Después de la crisis, tómate un tiempo para realizar una revisión completa. ¿Qué decisiones fueron acertadas? ¿Dónde se cometieron errores? ¿Qué podría haberse hecho de manera diferente? Esta evaluación no debe verse como una crítica, sino como una oportunidad para mejorar en el futuro.

Al aprender de cada crisis, un líder no solo se fortalece a nivel personal, sino que también prepara a su organización para enfrentar futuros desafíos con mayor resiliencia. Los equipos que han pasado por crisis juntos y han salido fortalecidos suelen estar más cohesionados, más motivados y mejor equipados para enfrentar los desafíos futuros.

7. Mantén la visión a largo plazo

En medio de una crisis, es fácil perder de vista los objetivos a largo plazo. Los líderes efectivos son capaces de gestionar la crisis sin perder el enfoque en la visión global de la organización. Esto no significa ignorar los problemas actuales, sino asegurarse de que las decisiones a corto plazo no comprometan los objetivos a largo plazo.

Una crisis puede ser una oportunidad para reevaluar la estrategia a largo plazo y hacer ajustes que beneficien a la organización en el futuro. Por ejemplo, si una crisis económica obliga a una empresa a reducir costos, el líder podría ver esto como una oportunidad para reestructurar procesos ineficientes que, a largo plazo, harán que la organización sea más fuerte.

Al mantener la visión a largo plazo, los líderes inspiran a sus equipos a ver más allá de las dificultades del momento y a seguir trabajando hacia un objetivo mayor. Esto no solo ayuda a mantener la moral, sino que también proporciona un sentido de propósito durante los momentos más oscuros.

Liderar en tiempos de crisis no es tarea fácil, pero es en esos momentos cuando los grandes líderes se distinguen. La capacidad para mantener la calma, evaluar con objetividad, comunicar con claridad, actuar con decisión y empoderar al equipo son habilidades esenciales para navegar con éxito cualquier crisis. Al aprender de estas experiencias, los líderes pueden no solo superar la tormenta, sino también emerger más fuertes y preparados para el futuro.

Vamos a explorar tres reflexiones clave sobre liderazgo en tiempos de crisis, extraídas de tres de los pensadores más influyentes en el campo: John C. Maxwell, Simon Sinek, y Daniel Goleman. A través de sus contribuciones, no solo profundizaremos en cómo liderar eficazmente bajo presión, sino que también interactuaremos contigo como lector, para que te lleves herramientas prácticas y reflexiones poderosas que te ayuden a enfrentar tus propias crisis de liderazgo.

Reflexión 1: La calma y el autocontrol son esenciales en tiempos de crisis

John C. Maxwell: "A leader is one who knows the way, goes the way, and shows the way."

John C. Maxwell, uno de los autores más prolíficos en liderazgo, ha escrito mucho sobre la importancia de la estabilidad emocional en el líder, especialmente en tiempos de crisis. En su obra "The 21 Irrefutable Laws of Leadership" (Maxwell, 2007), subraya que uno de los aspectos más esenciales de un líder es su capacidad para mantenerse firme cuando todo lo demás parece colapsar. Como mencionamos en la primera sección, el líder debe ser la calma en medio de la tormenta.

Maxwell nos recuerda que un líder no puede darse el lujo de sucumbir al pánico. Si un líder no es capaz de controlar sus emociones, esto afecta directamente al equipo y al resultado de la crisis. Piensa en cómo te has sentido en momentos de incertidumbre o pánico. ¿Quién ha sido esa persona que te ha dado un sentido de dirección y seguridad? En una crisis, ese debe ser tu rol.

Maxwell describe al líder como alguien que "sabe el camino, anda el camino y muestra el camino" (Maxwell, 2007). Esto significa que, en tiempos de crisis, los demás miran hacia ti para entender qué deben hacer. Si proyectas caos o desesperación, eso será lo que tu equipo absorba. Pero si proyectas confianza, incluso cuando no tienes todas las respuestas, tu equipo te seguirá con confianza.

Ahora, quiero que reflexiones: ¿cómo reaccionas cuando las cosas salen mal? ¿Te paralizas o entras en acción? Mantener la calma no significa ignorar la realidad de la crisis, sino que se trata de ser proactivo en lugar de reactivo. Maxwell enfatiza que los grandes líderes practican el autocontrol emocional como una forma de inspirar a sus equipos y mantener la moral alta.

Una pregunta que puedes hacerte es: ¿cómo puedes comenzar a desarrollar esta capacidad? Practicar la calma en situaciones cotidianas, como en reuniones tensas o en plazos ajustados, te prepara para manejar momentos más críticos. Maxwell sugiere en su libro "Developing the Leader Within You 2.0" que los líderes deben entrenar su "calma interior" antes de que llegue la crisis. No es algo que puedas improvisar, es una habilidad que requiere preparación continua.

Reflexión 2: El propósito inspira resiliencia en tiempos de incertidumbre

Simon Sinek: "Leadership is not about being in charge. It is about taking care of those in your charge."

Simon Sinek, conocido por su enfoque en el propósito y la motivación, aporta una visión crucial para el liderazgo en tiempos de crisis: un líder debe actuar con un propósito claro, y ese propósito debe resonar con el equipo. En su famoso libro "Start with Why" (Sinek, 2009), Sinek argumenta que las personas siguen a los líderes no por lo que hacen, sino por el "por qué" lo hacen. En tiempos de crisis, el "por qué" es más importante que nunca.

Sinek nos recuerda que cuando las circunstancias son difíciles, el líder tiene que reforzar constantemente el sentido de propósito. ¿Por qué estamos aquí? ¿Por qué hacemos lo que hacemos? En lugar de enfocarse solo en apagar fuegos, el líder efectivo guía a su equipo hacia una visión más grande. Esto crea resiliencia. Cuando las personas tienen claro el propósito de su trabajo, son más capaces de soportar las dificultades.

Este enfoque es especialmente útil cuando la crisis amenaza con desviar la atención de la misión a largo plazo de la organización. Como líder, tu trabajo es asegurarte de que el equipo no pierda de vista lo que realmente importa. Por ejemplo, en una empresa tecnológica, en medio de una crisis financiera, puede ser tentador centrarse solo en recortes de costos y supervivencia. Sin embargo, un buen líder se asegurará de que el equipo siga centrado en la innovación, en crear valor para el cliente y en mantener su misión a largo plazo.

Pongámonos prácticos: ¿conoces el "por qué" de tu equipo o empresa? Y más importante aún, ¿lo conoce tu equipo? A menudo, en tiempos de crisis, los líderes se centran en el "qué" y el "cómo" de la crisis (qué ha pasado y cómo lo arreglamos), pero Sinek nos recuerda que el "por qué" es lo que mantendrá a tu equipo unido y motivado.

Te animo a que, en tu próxima reunión de equipo, refuerces el propósito de lo que están haciendo. Pregunta a tu equipo por qué creen en lo que hacen y hazles recordar lo que realmente les apasiona de su trabajo. Este tipo de conversaciones pueden ser transformadoras en tiempos de crisis, ya que ayudan a las personas a ver más allá del problema inmediato.

Reflexión 3: La inteligencia emocional es clave para liderar en una crisis

Daniel Goleman: "Emotional intelligence, more than any other factor, more than IQ or expertise, accounts for 85% to 90% of success at work."

Daniel Goleman, pionero en el concepto de inteligencia emocional, ha argumentado que en tiempos de crisis, la habilidad más importante que un líder puede poseer no es el intelecto o la experiencia técnica, sino la inteligencia emocional. En su libro "Emotional Intelligence: Why It Can Matter More Than IQ" (Goleman, 1995), Goleman explica cómo las emociones influyen en nuestra capacidad para liderar eficazmente, y esto es especialmente cierto durante una crisis.

Goleman sostiene que los líderes con una alta inteligencia emocional son capaces de manejar mejor sus propias emociones y, lo que es más importante, pueden leer y gestionar las emociones de los demás. En momentos de estrés e incertidumbre, esta habilidad es crítica. La gente puede estar ansiosa, temerosa o desmotivada, y es tarea del líder entender estas emociones, validarlas y guiar al equipo a través de ellas.

En tiempos de crisis, los líderes con alta inteligencia emocional también pueden mantener una mayor empatía con sus equipos. Entienden que, aunque el enfoque está en solucionar el problema, no deben olvidar el bienestar emocional de las personas. La empatía genera confianza y compromiso, dos recursos invaluables cuando los tiempos son difíciles.

Piénsalo de esta manera: ¿cómo manejas tus propias emociones en tiempos de crisis? Y más allá de eso, ¿cómo reconoces y respondes a las emociones de tu equipo? Quizás te has encontrado en una situación donde un miembro del equipo parecía estar desconectado o desmotivado. La inteligencia emocional te permite detectar estas señales y abordarlas antes de que se conviertan en problemas mayores.

Goleman nos da herramientas prácticas para desarrollar esta habilidad. Primero, se trata de la autoconciencia: ser consciente de cómo las crisis te afectan emocionalmente y cómo eso impacta tu comportamiento. Después está la autorregulación, que implica manejar esas emociones para no ser dominado por el estrés o la frustración. Finalmente, la empatía y la habilidad social te permiten conectar con los demás y ofrecerles el apoyo emocional que necesitan para continuar.

Si eres un líder o aspiras a serlo, desarrollar tu inteligencia emocional no solo te hará más efectivo en tiempos de crisis, sino también en cada aspecto de tu liderazgo. Como Goleman señala, los líderes con inteligencia emocional alta tienen equipos más leales, productivos y comprometidos, lo que es esencial en cualquier circunstancia.

Llevando estas reflexiones a la práctica

En este viaje por el liderazgo en tiempos de crisis, hemos aprendido de John C. Maxwell, Simon Sinek y Daniel Goleman sobre la importancia del autocontrol, el propósito y la inteligencia emocional. Estas lecciones son más que teoría; son prácticas que puedes empezar a aplicar hoy mismo en tu propio liderazgo.

Maxwell nos invita a cultivar la calma interna para proyectar confianza en momentos difíciles. Sinek nos recuerda que liderar con propósito no solo motiva a nuestro equipo, sino que también les da una razón para seguir adelante cuando todo parece incierto. Y Goleman nos enseña que la inteligencia emocional es la clave para conectar con nuestro equipo a un nivel más profundo, y eso es lo que realmente impulsa el éxito, incluso en las peores crisis.

¿Con cuál de estos conceptos resuenas más? ¿Te ves como un líder que puede proyectar calma, inspirar con propósito o conectar emocionalmente con tu equipo? Tómate un momento para reflexionar sobre tus propias fortalezas y áreas de mejora. Las crisis no solo prueban el carácter de un líder, sino que también son oportunidades para crecer y desarrollar habilidades que te prepararán para futuros desafíos. ¿Qué harás hoy para fortalecer tu capacidad de liderazgo en tiempos de crisis?

2.2. Modelos de toma de decisiones bajo presión

Tomar decisiones bajo presión es una de las habilidades más críticas que cualquier líder debe desarrollar. La presión puede venir en muchas formas: crisis financieras, emergencias operacionales, incertidumbre en el mercado o situaciones personales extremas. Lo que distingue a un líder eficaz es su capacidad para no solo sobrevivir a estas situaciones, sino también salir fortalecido de ellas. Pero, ¿cómo se logra esto? La clave está en entender y aplicar modelos de toma de decisiones que te permitan analizar rápidamente las opciones, minimizar el riesgo y actuar con confianza.

El Modelo OODA: Observar, Orientar, Decidir, Actuar

Uno de los modelos más conocidos y efectivos para tomar decisiones bajo presión es el ciclo OODA, desarrollado por el coronel de la Fuerza Aérea de los Estados Unidos, John Boyd. Este modelo es altamente valorado en contextos militares, pero ha sido adoptado por líderes de negocios, estrategas y emprendedores por su flexibilidad y efectividad.

- Observar (Observe): En primer lugar, debes recolectar toda la información posible sobre la situación que estás enfrentando. Esto implica no solo mirar los hechos inmediatos, sino también entender las tendencias y factores subyacentes que pueden influir en el desarrollo de la crisis. Cuando estás bajo presión, puede ser tentador saltar directamente a la acción, pero tomarte un momento para observar detenidamente la situación puede ahorrarte errores costosos.

- Orientar (Orient): Aquí es donde ajustas la información que has recolectado a tu contexto específico. ¿Cómo encaja lo que estás viendo con tu conocimiento previo, tus objetivos y tus recursos? En este paso, debes ser ágil para ajustar tu mentalidad y replantear tu enfoque si es necesario. Es en esta fase donde entra en juego la flexibilidad mental: estar dispuesto a reorientar tus pensamientos y adaptarte rápidamente a los cambios.

- Decidir (Decide): Una vez que has observado y orientado tu perspectiva, es hora de tomar una decisión. En este punto, no necesitas tomar la decisión perfecta, sino una que sea suficientemente buena para avanzar. La perfección puede ser enemiga de la acción en momentos de presión. Aquí es donde las decisiones rápidas y basadas en la mejor información disponible, no en la completa, son cruciales.

- Actuar (Act): Finalmente, ejecuta tu decisión con confianza. Este paso es crítico porque una decisión, por buena que sea, es inútil si no se lleva a cabo con firmeza y determinación. Pero aquí no termina el proceso: después de actuar, es vital retroalimentar el ciclo observando nuevamente el impacto de tu acción y ajustando tu enfoque según sea necesario. La toma de decisiones bajo presión es un proceso continuo de ajuste y mejora.

El ciclo OODA no es solo una herramienta teórica, es una estructura muy práctica que puedes aplicar en cualquier tipo de crisis. Ya sea que estés liderando un equipo en medio de una emergencia o tomando decisiones cruciales para tu negocio en tiempos de incertidumbre, este modelo te mantiene enfocado y te ayuda a actuar con rapidez.

¿Cómo aplicas este ciclo en tu vida diaria? Reflexiona sobre una situación reciente en la que te enfrentaste a una decisión bajo presión. ¿Tomaste tiempo para observar y orientar antes de actuar, o te apresuraste a una solución sin evaluar completamente la situación? ¿Qué hubieras hecho diferente si hubieras seguido el ciclo OODA?

El ciclo OODA puede entrenarse. En lugar de esperar a que surjan las crisis, empieza a practicarlo en pequeñas decisiones cotidianas. Por ejemplo, cuando te enfrentas a un reto menor, como decidir cómo priorizar tareas en un día ajetreado, utiliza el ciclo: observa lo que necesita atención, orienta tus prioridades, decide qué hacer primero y actúa. Cuanto más practiques este enfoque, más efectivo serás cuando enfrentes decisiones críticas.

El Modelo de Decisión Rápida de Eisenhower

Otro modelo útil para tomar decisiones bajo presión es la Matriz de Eisenhower, basada en la famosa cita del general Dwight D. Eisenhower: "Lo que es importante rara vez es urgente y lo que es urgente rara vez es importante". Este enfoque te ayuda a distinguir entre las decisiones que deben tomarse inmediatamente y aquellas que pueden esperar.

La matriz divide las tareas en cuatro cuadrantes:

1. Importante y urgente: Estas son las tareas que deben ser atendidas de inmediato. En una crisis, estas decisiones son inevitables y requieren tu atención prioritaria. Por ejemplo, una amenaza de seguridad en tu empresa o la falla de un producto clave en medio de un lanzamiento pueden caer en esta categoría.

2. Importante pero no urgente: Estas son las tareas que son clave para tu éxito a largo plazo, pero que no requieren una acción inmediata. Aquí es donde la planificación estratégica y la prevención de crisis son fundamentales. Un líder efectivo debe ser capaz de prever las crisis y actuar antes de que las cosas se vuelvan urgentes.

3. Urgente pero no importante: Estas son las distracciones que pueden parecer apremiantes pero que no afectan realmente los resultados a largo plazo. Delegar es la clave aquí. Si te enfrentas a decisiones que caen en este cuadrante, debes encontrar a alguien en tu equipo que pueda hacerse cargo, liberándote para enfocarte en lo que realmente importa.

4. No urgente ni importante: Estas son las decisiones o tareas que simplemente debes eliminar. En tiempos de presión, es fácil quedar atrapado en estos detalles, pero un líder eficaz sabe cuándo dejarlos de lado.

Tómate un momento para pensar en las decisiones que enfrentas ahora mismo. ¿Cómo podrías aplicar la Matriz de Eisenhower? ¿Estás enfocando tu energía en lo importante o en lo urgente? La próxima vez que te sientas abrumado por la cantidad de decisiones que necesitas tomar, intenta clasificar tus tareas en esta matriz. Verás que al aclarar qué es verdaderamente importante, puedes liberar energía mental para tomar mejores decisiones bajo presión.

La Regla del 70% de Colin Powell

Colin Powell, ex secretario de Estado de EE.UU. y general del ejército, fue un firme defensor de la llamada "Regla del 70%". Según Powell, si tienes entre un 40% y un 70% de la información necesaria para tomar una decisión, debes actuar. Si esperas tener más del 70% de la información, corres el riesgo de perder una oportunidad valiosa. Este enfoque destaca la importancia de actuar con confianza incluso cuando no tienes todas las respuestas.

El punto clave aquí es que esperar la perfección puede ser paralizante en tiempos de crisis. En situaciones de alta presión, la velocidad es a menudo más importante que la precisión. Powell señala que el líder debe aprender a confiar en su instinto y en la información disponible para tomar decisiones rápidas. Aunque no siempre serán decisiones perfectas, actuar de manera rápida y decisiva es mejor que esperar a tener una certeza absoluta.

2.3. Evaluación de riesgos y acción rápida

La toma de decisiones bajo presión está íntimamente ligada a la evaluación de riesgos y a la capacidad de actuar rápidamente. Evaluar riesgos no se trata de eliminar completamente la incertidumbre, sino de entender los posibles escenarios y estar preparado para actuar con rapidez cuando sea necesario. Para ser eficaz en esta tarea, debes equilibrar la prudencia con la audacia, tomar riesgos calculados y moverte rápidamente para capitalizarlos.

Evaluación de riesgos: la base de la acción informada

En tiempos de crisis, una evaluación rápida y precisa del riesgo es esencial. Aquí es donde entra en juego el análisis FODA (Fortalezas, Oportunidades, Debilidades, Amenazas), un modelo clásico pero efectivo. Este análisis te permite evaluar las fortalezas internas y las oportunidades externas, así como las debilidades internas y las amenazas externas. Este balance te permite ver claramente dónde están los puntos críticos que necesitan acción inmediata y dónde puedes tomar riesgos calculados para maximizar el potencial.

Imagina que tu empresa está en medio de una crisis financiera. Realizar un análisis FODA te permitiría identificar, por ejemplo, que una de tus fortalezas es tu lealtad de clientes, mientras que una debilidad podría ser tu dependencia de un solo canal de ventas. Identificar estas áreas te permite tomar decisiones más informadas, como priorizar la diversificación de canales antes de que la crisis empeore.

Acción rápida: el tiempo es clave

Después de evaluar el riesgo, el siguiente paso crítico es actuar rápidamente. Esto no significa actuar imprudentemente, sino ser proactivo y decisivo. Un modelo que muchos líderes exitosos aplican aquí es la Toma de Decisiones Basada en Principios. Este modelo implica tener un conjunto de principios claros que guían todas las decisiones. En lugar de quedar atrapado en los detalles de cada posible resultado, confías en tus principios fundamentales para guiar la acción rápida.

Un ejemplo sería el principio de "la seguridad primero". Si lideras una empresa y enfrentas una crisis relacionada con la seguridad de tu equipo, este principio debe guiar tu toma de decisiones. No importa qué otros factores estén en juego, tu primera prioridad será garantizar la seguridad. Este enfoque te permite actuar con rapidez y claridad, sabiendo que tus decisiones están alineadas con tus valores más importantes.

El Modelo RAS: Reconocer, Analizar, Solucionar

Un enfoque adicional para la evaluación rápida de riesgos y la acción inmediata es el modelo RAS: Reconocer, Analizar, Solucionar. Este modelo simplifica el proceso de tomar decisiones complejas en tiempos de presión al enfocarse en tres pasos:

1. Reconocer: Lo primero es identificar el problema o la crisis. Esto significa estar atento a las señales de alerta y no ignorar las situaciones que requieren atención. En un entorno empresarial, esto podría manifestarse a través de disminuciones en las ventas, comentarios negativos de los clientes o incluso cambios repentinos en el mercado. Cuanto más rápido reconozcas el problema, más oportunidades tendrás de abordarlo antes de que se convierta en una crisis mayor.

2. Analizar: Una vez que has reconocido el problema, el siguiente paso es analizar la situación. Esto implica reunir información sobre el contexto y las causas subyacentes del problema. Preguntas clave a considerar incluyen: ¿Qué factores contribuyeron a esta situación? ¿Cómo han respondido otras empresas en circunstancias similares? Este análisis te permitirá formular una respuesta bien fundamentada y te preparará para el siguiente paso.

3. Solucionar: Finalmente, llega el momento de encontrar soluciones. Este paso puede ser tanto creativo como práctico. A menudo, las mejores soluciones surgen de la colaboración; involucrar a tu equipo puede generar ideas valiosas y ayudar a reducir la presión. Es crucial actuar de manera decisiva en este punto, asegurándote de que todos comprendan su rol en la implementación de la solución. Una vez que se aplica la solución, asegúrate de establecer un sistema de seguimiento para evaluar la efectividad de tu acción.

Ahora, reflexiona sobre una decisión reciente que tomaste bajo presión. ¿Siguiste un proceso similar al RAS? ¿Reconociste el problema rápidamente? ¿Cómo fue tu análisis de la situación? ¿Qué soluciones se te ocurrieron y cómo implementaste la mejor opción? Compartir estas experiencias puede no solo reforzar tu aprendizaje, sino también inspirar a otros en la audiencia a abordar sus propias crisis de manera efectiva.

Estrategias para fomentar una cultura de evaluación de riesgos

Para cultivar una mentalidad de evaluación de riesgos en tu organización, es importante fomentar una cultura de apertura y aprendizaje. Aquí hay algunas estrategias prácticas para lograrlo:

1. Fomentar la transparencia: Asegúrate de que todos los miembros de tu equipo se sientan cómodos comunicando problemas o desafíos. Esto significa crear un entorno donde se valoren las opiniones y donde el fracaso se vea como una oportunidad de aprendizaje, no como una penalización.

2. Entrenamiento en toma de decisiones: Ofrece talleres y recursos para mejorar las habilidades de toma de decisiones bajo presión. Cuanto más preparado esté tu equipo para enfrentar la incertidumbre, más rápidos y eficaces serán en su respuesta.

3. Simulaciones de crisis: Realiza ejercicios de simulación para que tu equipo practique la toma de decisiones en situaciones de crisis. Estas simulaciones permiten a los miembros del equipo experimentar la presión y desarrollar confianza en su capacidad para actuar rápidamente.

4. Establecer métricas de éxito: Define lo que significa "éxito" en el contexto de la toma de decisiones bajo presión. Esto te permitirá evaluar el desempeño de tu equipo y hacer ajustes según sea necesario.

5. Promover el aprendizaje continuo: Anima a tu equipo a reflexionar sobre las decisiones pasadas y a aprender de ellas. Esto puede incluir sesiones de retroalimentación donde se discutan lo que funcionó, lo que no y cómo se pueden aplicar las lecciones aprendidas en el futuro.

Tanto la evaluación de riesgos como la acción rápida son componentes esenciales de la toma de decisiones efectivas bajo presión. Al comprender y aplicar modelos como OODA, la Matriz de Eisenhower y el RAS, puedes desarrollar la capacidad de tu equipo para actuar con confianza y agilidad en situaciones críticas. Además, al fomentar una cultura de evaluación de riesgos, podrás preparar a tu organización para enfrentar las incertidumbres con resiliencia y creatividad.

La próxima vez que te enfrentes a una crisis, recuerda que cada desafío también es una oportunidad. Al aplicar estos principios y modelos, podrás no solo navegar a través de la tormenta, sino también emerger más fuerte y más sabio. ¡Así que adelante, actúa con valentía y confianza, y convierte cada desafío en un trampolín hacia el éxito!

1. Cada decisión cuenta: En momentos de presión, cada decisión que tomas tiene un impacto significativo. Cultiva la mentalidad de que cada elección, por pequeña que sea, contribuye al resultado final. Cada acción es una oportunidad para aprender y crecer.

2. Confía en tu equipo: En situaciones críticas, recuerda que no tienes que enfrentar los desafíos solo. Tu equipo puede ser tu mayor recurso. Fomentar la colaboración y el diálogo abierto puede generar ideas innovadoras y soluciones efectivas.

3. La adaptabilidad es clave: No todas las decisiones resultarán como esperabas. Mantén una mentalidad flexible y dispuesta a adaptarte según las circunstancias cambien. La capacidad de pivotar rápidamente puede marcar la diferencia entre el éxito y el fracaso.

Recuerda, los líderes efectivos son aquellos que no solo sobreviven a la presión, sino que prosperan en ella. ¡Confía en tu capacidad para tomar decisiones bajo presión y liderar con fuerza y determinación!

CAPÍTULO 3: GESTIÓN DE ESCENARIOS COMPLEJOS Y ADAPTACIÓN

3.1. Construcción de escenarios y planificación estratégica

En un mundo empresarial marcado por la incertidumbre y el cambio constante, la capacidad de adaptarse a escenarios complejos se ha convertido en una competencia clave para las organizaciones que desean mantenerse competitivas. Las empresas ya no pueden depender únicamente de suposiciones basadas en datos históricos o expectativas lineales sobre el futuro. En lugar de ello, necesitan diseñar estrategias que consideren múltiples futuros posibles, lo que se conoce como planificación de escenarios.

La construcción de escenarios es una técnica que permite a las organizaciones explorar y prepararse para diversos resultados en un entorno de incertidumbre. No se trata de predecir el futuro, sino de crear una serie de narrativas posibles que ayuden a la empresa a identificar oportunidades, evaluar riesgos y tomar decisiones informadas que favorezcan la agilidad y resiliencia ante el cambio.

¿Qué es la planificación de escenarios?

La planificación de escenarios es una metodología que permite a las organizaciones considerar una amplia gama de futuros posibles y desarrollar respuestas estratégicas ante ellos. Este enfoque reconoce que el futuro es incierto y que pueden surgir eventos imprevistos que alteren significativamente las condiciones del mercado, la economía, la política o la tecnología. En lugar de depender de un solo plan basado en una única previsión, los líderes que adoptan la planificación de escenarios desarrollan varios planes alternativos, cada uno basado en un conjunto de suposiciones sobre cómo podría desarrollarse el futuro.

El proceso implica la identificación de los factores clave que podrían influir en el entorno de la organización, como tendencias macroeconómicas, cambios regulatorios, disrupciones tecnológicas, fluctuaciones en los mercados financieros o incluso pandemias y desastres naturales. Luego, estos factores se combinan de diferentes maneras para crear escenarios o descripciones detalladas de futuros posibles.

Estos escenarios no son meras fantasías, sino representaciones plausibles de cómo podrían desarrollarse los acontecimientos. Cada escenario presenta oportunidades y riesgos específicos, lo que permite a la organización evaluar sus capacidades y prepararse de manera más efectiva para cualquiera de ellos.

Fases de la construcción de escenarios

1. Identificación de factores clave: El primer paso para la construcción de escenarios consiste en identificar los factores que tienen el mayor impacto en el negocio. Estos pueden incluir elementos externos como las condiciones económicas, el comportamiento del mercado, las normativas gubernamentales, las innovaciones tecnológicas, así como factores internos como las capacidades operativas de la empresa, su cultura organizacional y su estructura de costos.

2. Evaluación de incertidumbres críticas: Una vez que los factores clave han sido identificados, es crucial evaluar cuáles de ellos están sujetos a un mayor grado de incertidumbre. Las incertidumbres críticas son aquellas variables que no se pueden predecir con precisión, pero que tienen un impacto significativo en el futuro de la organización. Ejemplos incluyen cambios en las políticas públicas, crisis económicas globales o avances tecnológicos disruptivos.

3. Desarrollo de escenarios: Con las incertidumbres críticas claramente definidas, se procede a la creación de múltiples escenarios. Cada uno de estos escenarios debe basarse en diferentes combinaciones de suposiciones sobre cómo se comportarán los factores clave y las incertidumbres críticas. Los escenarios suelen incluir un "escenario base" (donde las cosas continúan más o menos como están), un "escenario optimista" (donde los factores se desarrollan de manera favorable para la organización) y un "escenario pesimista" (donde las cosas empeoran de manera significativa).

4. Análisis de impacto: Una vez creados los escenarios, es esencial realizar un análisis de impacto para comprender cómo afectaría cada uno de ellos a la organización. Este análisis implica evaluar los riesgos y oportunidades asociados a cada escenario, así como identificar qué capacidades y recursos necesitaría la empresa para prosperar en ese entorno particular.

5. Desarrollo de planes estratégicos: El paso final es la creación de planes estratégicos adaptados a cada escenario. Estos planes deben incluir tanto medidas preventivas como reactivas. En otras palabras, las empresas deben desarrollar estrategias que les permitan mitigar los riesgos identificados en cada escenario y aprovechar las oportunidades cuando surjan. A través de este enfoque, las organizaciones pueden ser más ágiles y estar mejor preparadas para enfrentar desafíos futuros.

Ventajas de la planificación de escenarios

La construcción de escenarios y la planificación estratégica basada en ellos ofrecen numerosas ventajas para las organizaciones que operan en entornos complejos e inciertos:

1. Mejora la toma de decisiones: Al considerar una gama más amplia de futuros posibles, los líderes empresariales pueden tomar decisiones más informadas. Este enfoque les permite

evaluar diferentes cursos de acción y elegir aquellos que sean más robustos frente a diversas contingencias.

2. Promueve la flexibilidad y la agilidad: En lugar de atarse a un solo plan, las empresas que adoptan la planificación de escenarios son más flexibles y ágiles. Tienen la capacidad de ajustar sus estrategias rápidamente en respuesta a cambios inesperados en el entorno, lo que les da una ventaja competitiva.

3. Fomenta una cultura de innovación: La exploración de futuros alternativos y el análisis de los riesgos y oportunidades asociados a cada uno de ellos alienta a los equipos a pensar de manera creativa. Las empresas que participan en la planificación de escenarios tienden a ser más innovadoras, ya que están constantemente buscando nuevas formas de prepararse para el futuro.

4. Identificación temprana de riesgos y oportunidades: La construcción de escenarios permite a las organizaciones identificar con mayor antelación los riesgos y oportunidades que podrían surgir en el futuro. Esto les da más tiempo para prepararse y responder a estos desafíos, reduciendo el impacto negativo o maximizando los beneficios.

5. Resiliencia organizacional: Al estar preparadas para múltiples futuros posibles, las empresas que adoptan este enfoque suelen ser más resilientes frente a las crisis. No solo tienen planes de contingencia en marcha, sino que también están mentalmente preparadas para adaptarse y prosperar en condiciones adversas.

Ejemplos de aplicación en el mundo real

La planificación de escenarios ha sido utilizada por algunas de las organizaciones más exitosas del mundo para navegar entornos complejos. Un ejemplo destacado es la petrolera Royal Dutch Shell, que ha utilizado esta técnica desde la década de 1970. Shell desarrolló múltiples escenarios sobre el futuro del suministro de petróleo y los precios internacionales, lo que le permitió ajustarse rápidamente a las crisis energéticas globales y emerger como uno de los líderes de la industria.

Otro ejemplo es el sector tecnológico. Empresas como Microsoft y Google utilizan la planificación de escenarios para anticipar disrupciones tecnológicas y cambios regulatorios, lo que les ha permitido mantenerse a la vanguardia de la innovación. Al estar preparadas para diferentes futuros posibles, estas empresas han logrado adaptarse y prosperar en un mercado altamente competitivo y en constante cambio.

Desafíos en la implementación

A pesar de los numerosos beneficios, la planificación de escenarios también presenta algunos desafíos. Uno de los principales es el tiempo y los recursos necesarios para llevar a cabo el proceso. La construcción de escenarios detallados y su análisis requiere la participación de expertos de diversas áreas de la organización, así como el compromiso de la alta dirección.

Otro desafío es la incertidumbre inherente al proceso. Aunque la planificación de escenarios ayuda a preparar a la organización para el futuro, nunca puede garantizar que se cubrirán todos los posibles eventos. Esto significa que, incluso con una planificación cuidadosa, las organizaciones aún pueden verse sorprendidas por circunstancias imprevistas.

Por último, está el riesgo de la parálisis por análisis. Algunas organizaciones pueden verse abrumadas por la complejidad del proceso de planificación de escenarios y, en lugar de tomar decisiones basadas en las diferentes posibilidades, se estancan. Para evitar esto, es esencial que las empresas adopten un enfoque equilibrado, utilizando los escenarios como una guía flexible en lugar de un conjunto rígido de instrucciones.

La construcción de escenarios y la planificación estratégica son herramientas poderosas para gestionar la incertidumbre en entornos complejos. Las empresas que adoptan este enfoque son más flexibles, innovadoras y resilientes, lo que les permite adaptarse a los cambios y prosperar en tiempos difíciles. Si bien el proceso puede ser exigente, las recompensas en términos de preparación y capacidad de respuesta son invaluables. En un mundo cada vez más impredecible, la planificación de escenarios es una estrategia esencial para garantizar el éxito a largo plazo.

3.2. Adaptación al cambio y resiliencia organizacional

En un entorno empresarial donde el cambio es la única constante, la capacidad de adaptación es crítica para el éxito a largo plazo. Las organizaciones que no solo sobreviven, sino que prosperan en tiempos de incertidumbre, son aquellas que han cultivado una cultura de adaptación y resiliencia. Pero, ¿qué significa realmente adaptarse al cambio en el contexto organizacional? ¿Y cómo pueden las empresas construir resiliencia para enfrentar las crisis y salir fortalecidas?

El concepto de adaptación al cambio

La adaptación al cambio implica la capacidad de una organización para ajustar sus estrategias, estructuras y procesos operativos en respuesta a un entorno dinámico. Este ajuste puede ser reactivo, cuando se trata de responder a una crisis o una oportunidad inesperada, o proactivo, cuando la empresa anticipa cambios futuros y se prepara para ellos con antelación.

Una organización adaptativa no se aferra a un solo plan o estrategia. En cambio, está dispuesta a experimentar, probar nuevas ideas y aprender de los fracasos. Esto requiere una cultura organizacional que valore la agilidad y la innovación, donde los empleados se sientan empoderados para sugerir cambios y actuar de manera flexible frente a desafíos.

El rol de la resiliencia organizacional

La resiliencia es la capacidad de una organización para recuperarse de las crisis, aprender de ellas y emerger fortalecida. No se trata solo de sobrevivir a una tormenta, sino de utilizar esa experiencia como una oportunidad de crecimiento. Las empresas resilientes son aquellas que tienen sistemas de apoyo en su lugar, así como procesos para gestionar el cambio y la incertidumbre.

Para construir resiliencia, las organizaciones deben centrarse en tres áreas clave:

1. Diversificación de recursos: Las empresas que dependen demasiado de un único producto, mercado o fuente de ingresos corren un mayor riesgo en tiempos de crisis. La diversificación de la cartera de productos o la expansión hacia nuevos mercados puede ayudar a mitigar el impacto de las crisis y proporcionar estabilidad.

2. Cultura de aprendizaje continuo: La capacidad de aprender rápidamente y adaptarse es un componente esencial de la resiliencia. Las empresas deben fomentar una cultura de aprendizaje continuo, donde los empleados se sientan alentados a adquirir nuevas habilidades, experimentar con nuevas ideas y compartir conocimientos.

3. Redes de apoyo internas y externas: En tiempos de crisis, las redes de apoyo se vuelven fundamentales. Las organizaciones resilientes cuentan con sistemas sólidos de comunicación interna y colaboración, así como asociaciones externas que pueden proporcionar asistencia en momentos críticos.

Ejemplos de adaptación y resiliencia organizacional

Caso 1: Netflix y la transformación digital

Netflix es uno de los ejemplos más emblemáticos de adaptación al cambio en la era digital. La empresa comenzó como un servicio de alquiler de DVDs por correo, pero cuando vio el auge de la transmisión en línea, tomó la audaz decisión de cambiar completamente su modelo de negocio hacia el streaming. Esto significó invertir en infraestructura tecnológica y replantear sus estrategias de contenido.

En lugar de resistir el cambio, Netflix se adaptó rápidamente y, al hacerlo, no solo sobrevivió, sino que se convirtió en uno de los gigantes del entretenimiento digital. Esta capacidad de adaptación proactiva ha sido clave para su éxito y resiliencia ante los cambios tecnológicos.

Caso 2: Johnson & Johnson y la crisis del Tylenol

En 1982, Johnson & Johnson enfrentó una crisis devastadora cuando varias personas murieron tras consumir cápsulas de Tylenol contaminadas con cianuro. La respuesta de la empresa fue un ejemplo clásico de resiliencia organizacional. En lugar de minimizar la situación, Johnson & Johnson retiró rápidamente todos los productos de Tylenol de las tiendas, una decisión que costó a la empresa millones de dólares.

Sin embargo, la compañía utilizó esta crisis como una oportunidad para mejorar sus prácticas de seguridad, desarrollando empaques a prueba de manipulaciones que luego se convertirían en el estándar de la industria. A través de una gestión clara y decidida de la crisis, Johnson & Johnson no solo recuperó la confianza del público, sino que también reforzó su reputación a largo plazo.

3.3. Herramientas tecnológicas para la gestión de crisis

En un mundo cada vez más digital, las herramientas tecnológicas desempeñan un papel fundamental en la gestión de crisis. Desde sistemas de comunicación en tiempo real hasta plataformas de análisis de datos, las empresas tienen acceso a un conjunto de tecnologías avanzadas que les permiten prepararse para situaciones de crisis, responder de manera rápida y eficaz, y adaptarse a nuevas realidades.

Herramientas tecnológicas clave para la gestión de crisis

1. Sistemas de alerta temprana y monitoreo en tiempo real

Los sistemas de alerta temprana son fundamentales para la detección y mitigación rápida de crisis. Estas herramientas permiten a las organizaciones monitorear continuamente factores clave como la seguridad, los riesgos financieros, la opinión pública en redes sociales, y los cambios en el entorno regulatorio.

Un ejemplo práctico es el uso de plataformas de monitoreo de redes sociales como Hootsuite o Sprout Social, que permiten a las empresas identificar problemas potenciales o conversaciones críticas antes de que escalen. Estas herramientas pueden detectar picos en el sentimiento negativo, lo que facilita una respuesta oportuna antes de que la crisis se salga de control.

2. Plataformas de análisis predictivo

El análisis predictivo es otra herramienta tecnológica clave en la gestión de crisis. Utilizando grandes volúmenes de datos y modelos avanzados de inteligencia artificial, estas plataformas permiten a las organizaciones predecir posibles escenarios de crisis basados en patrones históricos y tendencias emergentes.

Un ejemplo destacado es el uso de Tableau o Power BI, herramientas que pueden analizar grandes conjuntos de datos para identificar riesgos inminentes en áreas como la cadena de suministro, las fluctuaciones del mercado o el comportamiento del consumidor. Estos insights permiten a las empresas tomar decisiones proactivas y desarrollar estrategias de contingencia antes de que ocurra una crisis.

3. Sistemas de comunicación de emergencia

La comunicación efectiva es crítica en cualquier gestión de crisis. Las organizaciones necesitan contar con sistemas de comunicación que les permitan informar a empleados, clientes y partes interesadas clave de manera rápida y clara. Plataformas como Slack, Microsoft Teams o Zoom se han vuelto herramientas indispensables para coordinar equipos durante situaciones de crisis, especialmente cuando los equipos trabajan de manera remota.

Además, herramientas especializadas como Everbridge permiten enviar alertas masivas a empleados en tiempo real, asegurando que todos los miembros del equipo reciban la información necesaria para actuar rápidamente en situaciones de emergencia.

Ejemplos prácticos del uso de herramientas tecnológicas en la gestión de crisis

Caso 1: La gestión de la pandemia por parte de Salesforce

Salesforce, una de las empresas líderes en tecnología CRM, utilizó sus propias herramientas tecnológicas para gestionar la crisis global de la COVID-19. A través de su plataforma Work.com, Salesforce ayudó a miles de empresas a adaptarse a la nueva realidad del trabajo remoto y la gestión de crisis de salud.

Work.com proporcionó a las organizaciones una serie de aplicaciones diseñadas específicamente para la pandemia, como herramientas de trazabilidad de contactos, gestión de inventarios de equipos de protección personal (EPP) y sistemas de bienestar para los empleados. Esto permitió a las empresas no solo responder de manera efectiva a la crisis de salud, sino también adaptarse rápidamente a los cambios en sus modelos de trabajo.

Caso 2: El uso de análisis predictivo en la cadena de suministro de Unilever

Unilever, una de las empresas más grandes del mundo en bienes de consumo, ha aprovechado las tecnologías de análisis predictivo para gestionar su cadena de suministro global. Durante la pandemia, Unilever utilizó algoritmos de inteligencia artificial para predecir interrupciones en la cadena de suministro y ajustar la producción en función de las demandas fluctuantes del mercado.

A través de su sistema de análisis predictivo, la empresa pudo identificar rápidamente los riesgos en diferentes puntos de su red de suministro y reaccionar de manera proactiva, garantizando que los productos llegaran a los consumidores de manera oportuna, a pesar de las disrupciones.

Desafíos en la implementación de herramientas tecnológicas para la gestión de crisis

A pesar de los enormes beneficios, la adopción de herramientas tecnológicas para la gestión de crisis también conlleva desafíos. Uno de los principales es la resistencia al cambio dentro de la organización. Muchos empleados y directivos pueden ser reacios a adoptar nuevas tecnologías, especialmente en situaciones de alta presión como una crisis.

Otro desafío es la ciberseguridad. Las crisis a menudo crean vulnerabilidades, y las organizaciones deben asegurarse de que sus herramientas tecnológicas estén protegidas contra ciberataques. El aumento en el uso de plataformas digitales también puede exponer a las empresas a mayores riesgos de seguridad.

Futuro de la tecnología en la gestión de crisis

A medida que la tecnología continúa avanzando, el futuro de la gestión de crisis estará cada vez más marcado por el uso de inteligencia artificial y machine learning. Las empresas podrán anticipar crisis con mayor precisión, automatizar respuestas y mejorar la resiliencia de sus operaciones.

Las tecnologías emergentes como los gemelos digitales (digital twins), que crean representaciones virtuales de sistemas físicos, también permitirán a las organizaciones simular diferentes escenarios de crisis y desarrollar estrategias más efectivas.

Categoría	Concepto Clave	Ejemplo	Impacto en la Organización
Adaptación al cambio	Capacidad de ajuste y flexibilidad	**Netflix**: Cambio del modelo de DVDs a streaming.	Se adaptó a la transformación digital y se convirtió en líder en entretenimiento.
Resiliencia organizacional	Recuperación y crecimiento post-crisis	**Johnson & Johnson**: Crisis del Tylenol (1982).	Implementó mejoras de seguridad, recuperó la confianza del público y fortaleció su reputación.
Diversificación de recursos	Reducción de riesgos a través de múltiples fuentes de ingresos	Empresas de bienes de consumo que diversifican sus productos o mercados.	Mayor estabilidad financiera durante crisis globales o fluctuaciones del mercado.
Cultura de aprendizaje continuo	Fomentar el aprendizaje y la innovación	**Google**: Innovación constante y flexibilidad.	Mantiene su posición de liderazgo en tecnología a través de experimentación y adaptación.
Sistemas de alerta temprana	Detección anticipada de posibles crisis	**Hootsuite**: Monitoreo de redes sociales para gestionar la opinión pública.	Identificación temprana de problemas potenciales, evitando crisis reputacionales.
Análisis predictivo	Identificación de riesgos mediante	**Unilever**: Uso de IA para predecir	Capacidad para mitigar riesgos y

	inteligencia artificial	interrupciones en la cadena de suministro.	ajustar la producción en tiempos de crisis.
Sistemas de comunicación de emergencia	Coordinación y respuesta rápida	**Slack / Microsoft Teams**: Comunicación interna rápida durante crisis.	Facilita la coordinación de equipos en tiempo real, mejorando la respuesta a emergencias.
Trazabilidad de contactos y bienestar	Seguimiento y gestión de crisis de salud	**Salesforce Work.com**: Herramientas para la pandemia de COVID-19.	Las empresas mantuvieron la salud y seguridad de empleados mediante la tecnología.
Cultura organizacional adaptativa	Promoción de la flexibilidad y cambio constante	**Spotify**: Cambio en respuesta a demandas del mercado musical digital.	Se mantiene como plataforma líder al evolucionar constantemente en función de la demanda.
Desafíos de la implementación tecnológica	Resistencia interna y ciberseguridad	**Empresas tradicionales** enfrentan barreras para adoptar nuevas tecnologías.	El cambio tecnológico puede ser lento debido a la resistencia al cambio y preocupaciones de seguridad.

CAPÍTULO 4: COMUNICACIÓN Y LIDERAZGO DURANTE Y DESPUÉS DE LA CRISIS

La verdadera prueba del liderazgo no se revela en tiempos de estabilidad, sino en los momentos de mayor incertidumbre. En una crisis, ya sea una pandemia, una recesión económica o cualquier otro evento inesperado, la manera en que un líder comunica puede marcar la diferencia entre el caos y la cohesión, entre la pérdida de confianza y la creación de una cultura de resiliencia. Este capítulo explora cómo los líderes pueden utilizar la comunicación como una herramienta estratégica para mantener la calma, inspirar a sus equipos y guiar a sus organizaciones a través de la tormenta.

4.1. Comunicación efectiva en momentos de incertidumbre

En tiempos de incertidumbre, el miedo y la ansiedad tienden a nublar el juicio de las personas, provocando una mayor necesidad de dirección clara y apoyo emocional. Un líder que se comunica de manera efectiva puede calmar esos temores y proporcionar un sentido de propósito y estabilidad, incluso cuando el futuro es incierto. Para lograr esto, es esencial que la comunicación sea clara, coherente y compasiva.

La claridad es poder

Uno de los errores más comunes en tiempos de crisis es la falta de claridad. La información vaga o confusa puede provocar ansiedad, especialmente cuando las personas ya están lidiando con una sobrecarga de incertidumbre. La clave está en simplificar el mensaje sin sacrificar la precisión. Los líderes deben ser claros sobre lo que saben y lo que no saben, pero deben comunicarlo de manera que proporcione seguridad y dirección.

Por ejemplo, durante la pandemia de COVID-19, las organizaciones que proporcionaron información clara y constante sobre los protocolos de seguridad y las expectativas de los empleados generaron una mayor sensación de control y calma. Un líder en una empresa de manufactura podría decir:

> "Sabemos que estos tiempos son inciertos, pero lo que podemos controlar es cómo protegemos a nuestro equipo. Estas son las medidas que estamos tomando para garantizar su seguridad: aumentar la limpieza, reducir los turnos, y proporcionar equipos de protección personal. Estaremos monitoreando de cerca la situación y actualizaremos cualquier cambio."

Este tipo de comunicación demuestra que el líder tiene un plan y está tomando medidas concretas, lo cual genera confianza y disminuye la incertidumbre.

La coherencia construye confianza

La consistencia en la comunicación es igualmente importante. Si el mensaje cambia de manera constante, las personas pueden sentir que su líder no tiene un plan claro o está improvisando. La coherencia en el tono, los canales de comunicación y la frecuencia de los mensajes es crucial. Esto no significa que el líder no deba ajustar su mensaje en función de la evolución de la situación, sino que debe hacerlo de manera coherente con los valores y la visión general de la organización.

Tomemos como ejemplo el caso de la empresa de tecnología Zoom durante el auge del trabajo remoto. El CEO Eric Yuan mantuvo una comunicación constante y coherente, tanto con los empleados como con los usuarios, sobre cómo la compañía estaba manejando la creciente demanda. Aunque enfrentaban críticas sobre la seguridad, Yuan siempre fue transparente sobre los desafíos y los pasos que estaban tomando para solucionarlos. Esta coherencia no solo mantuvo la confianza de los clientes, sino también de los empleados, quienes sabían que la compañía estaba siendo honesta y tenía un plan claro.

La empatía genera lealtad

Las crisis no solo son momentos de incertidumbre, también son momentos de gran estrés emocional. Las personas no solo necesitan información clara, también necesitan sentir que su líder se preocupa por ellos como seres humanos, no solo como empleados. Mostrar empatía no es una señal de debilidad, sino una fortaleza que puede generar lealtad y compromiso.

En 2019, durante las devastadoras tormentas en Puerto Rico, muchas empresas enfrentaron dificultades para operar. Sin embargo, la compañía de telecomunicaciones Claro decidió priorizar el bienestar de sus empleados sobre las operaciones. Los líderes no solo se comunicaron de manera constante sobre la situación de la infraestructura, sino que también se aseguraron de preguntar por el bienestar personal de cada miembro del equipo. Esto incluyó ofrecer ayuda para aquellos que habían perdido sus hogares y flexibilizar los horarios de trabajo para que pudieran cuidar de sus familias. Este enfoque empático no solo aumentó la lealtad, sino que también fortaleció el sentido de comunidad dentro de la empresa.

Comunicar con propósito: mantén el enfoque en la visión

En medio de una crisis, las organizaciones pueden perder de vista su visión a largo plazo, enfocándose únicamente en los problemas inmediatos. Sin embargo, los líderes más efectivos son aquellos que pueden mantener a su equipo enfocado en el propósito más amplio, incluso cuando enfrentan dificultades. Esta es una forma poderosa de inspirar y motivar a las personas para que sigan avanzando.

En 2008, durante la crisis financiera global, Howard Schultz, el CEO de Starbucks, mantuvo un enfoque firme en la misión y los valores de la compañía. A pesar de la presión para reducir costos, Schultz continuó invirtiendo en beneficios para los empleados y en iniciativas sostenibles, argumentando que la visión a largo plazo de Starbucks no podía ser sacrificada por las dificultades momentáneas. Esta decisión fue un mensaje poderoso no solo para los empleados, sino también para los clientes y accionistas. La crisis se superó, pero la reputación de la compañía como una marca que se preocupa por algo más que las ganancias se fortaleció.

Sé visible: liderar desde el frente

En momentos de crisis, los líderes deben ser visibles. Las personas necesitan ver y escuchar a su líder para sentir que alguien está al mando. Esto no significa que deban estar presentes físicamente todo el tiempo, especialmente en un entorno digital, pero deben estar disponibles y accesibles. La visibilidad también tiene que ver con la transparencia y la autenticidad. Un líder que se esconde o delega toda la comunicación a otros miembros del equipo puede perder la confianza del grupo.

Un gran ejemplo de esto es el liderazgo de Jacinda Ardern, la primera ministra de Nueva Zelanda, durante la pandemia de COVID-19. Ardern mantuvo una comunicación constante con la población a través de transmisiones en vivo en redes sociales, donde respondía preguntas, compartía actualizaciones y, lo más importante, mostraba empatía y comprensión. No era solo una líder distante detrás de un podio; era alguien que estaba viviendo la misma crisis que sus ciudadanos. Su visibilidad y autenticidad generaron una conexión emocional con el público que fortaleció su liderazgo.

Mensajes claros, breves y directos

Durante una crisis, las personas tienen poca capacidad para procesar información compleja o ambigua. Por lo tanto, es esencial que los mensajes sean breves y directos. Esto no significa que se omita información importante, sino que se presenta de manera concisa y fácil de entender. Las declaraciones largas o complicadas pueden causar confusión y aumentar la ansiedad.

El ex CEO de General Electric, Jack Welch, era conocido por su capacidad para simplificar mensajes complejos. Durante su tiempo en GE, enfrentó numerosas crisis y desafíos, pero siempre se esforzó por comunicar de manera clara y directa. Welch decía que si no puedes explicar tu mensaje en una o dos frases claras, es probable que no lo entiendas lo suficientemente bien como para que otros lo entiendan.

Escuchar tanto como hablar

Finalmente, una comunicación efectiva en tiempos de incertidumbre no es solo sobre lo que se dice, sino también sobre cómo se escucha. Los líderes deben estar abiertos a escuchar las preocupaciones, sugerencias y opiniones de sus equipos. Esto no solo les ayuda a tomar mejores decisiones, sino que también demuestra que valoran la perspectiva de los demás. La escucha activa crea una cultura de confianza y colaboración.

Un ejemplo notable de esto es el caso de la cadena hotelera Marriott durante la crisis económica de 2008. El CEO Arne Sorenson implementó una política de "puertas abiertas", donde los empleados podían expresar sus preocupaciones directamente a la alta dirección. Esta iniciativa no solo permitió que la empresa identificara problemas rápidamente, sino que también generó un sentido de comunidad y confianza que ayudó a Marriott a superar la crisis con un equipo más unido.

En momentos de incertidumbre, la comunicación efectiva es la herramienta más poderosa que un líder puede tener. Un mensaje claro, coherente y empático no solo calma los temores, sino que también construye la confianza, inspira acción y fortalece el sentido de propósito en una organización. Los líderes que saben cómo comunicarse de manera efectiva en tiempos de crisis son aquellos que no solo sobreviven a la tormenta, sino que salen fortalecidos de ella.

4.2. Colaboración y toma de decisiones con las partes interesadas

En tiempos de crisis, la toma de decisiones no puede ser un esfuerzo aislado o unilateral. Los líderes más exitosos entienden que la colaboración con las partes interesadas es clave para navegar las aguas turbulentas de la incertidumbre. Las partes interesadas incluyen no solo a los empleados, sino también a los clientes, proveedores, inversionistas y comunidades. Este enfoque colaborativo no solo mejora la calidad de las decisiones, sino que también fortalece las relaciones y la confianza, elementos fundamentales para el éxito a largo plazo.

Colaboración: El poder de las alianzas en tiempos difíciles

La colaboración con las partes interesadas comienza con el entendimiento de que cada grupo afectado por la crisis tiene una perspectiva única. A menudo, los líderes pueden estar inmersos en la gestión interna de la crisis, pero la visión externa de los proveedores, clientes o socios puede ofrecer insights valiosos sobre la situación. Cuando los líderes se abren a escuchar estas voces, están posicionando a sus organizaciones para tomar decisiones más informadas y estratégicas.

Un ejemplo claro de la importancia de la colaboración durante la crisis es el caso de Ford Motor Company durante la Gran Recesión de 2008. Mientras que General Motors y Chrysler optaron por rescates del gobierno, Ford decidió mantenerse independiente. Para lograr esto, la compañía colaboró estrechamente con todas las partes interesadas, incluyendo empleados, sindicatos y proveedores. Ford involucró a los sindicatos en las discusiones sobre recortes salariales y beneficios, y a cambio, ofreció a los empleados una participación más activa en las decisiones operativas. Los proveedores también fueron consultados para optimizar las cadenas de suministro y reducir costos sin comprometer la calidad. Esta toma de decisiones colaborativa no solo ayudó a Ford a sobrevivir la crisis sin necesitar rescates, sino que también fortaleció su posición competitiva en los años posteriores.

La inclusión de los clientes como socios estratégicos

Los clientes son otra parte interesada clave que puede influir en las decisiones durante una crisis. Las empresas que ven a sus clientes como socios, en lugar de meros compradores, están mejor preparadas para adaptarse a los cambios en el mercado y las demandas durante tiempos de incertidumbre. Escuchar las necesidades cambiantes de los clientes y adaptar los productos o servicios en consecuencia no solo puede salvar una empresa durante una crisis, sino también impulsarla hacia adelante.

El caso de Starbucks durante la crisis financiera de 2008 es un buen ejemplo de cómo involucrar a los clientes como parte de la toma de decisiones. En lugar de centrarse únicamente en reducir costos, Howard Schultz, CEO de Starbucks, mantuvo un diálogo abierto con los clientes, utilizando encuestas y redes sociales para entender mejor lo que ellos necesitaban durante ese período. Esto llevó a la implementación de nuevas ofertas de productos a menor costo y mejoras en la experiencia del cliente, como la personalización del café. Al escuchar a sus clientes y hacerlos parte del proceso, Starbucks no solo mejoró su relación con ellos, sino que también se recuperó rápidamente de la recesión.

Integrar a los inversionistas en la toma de decisiones

Los inversionistas, como partes interesadas clave, pueden proporcionar no solo capital, sino también orientación estratégica durante una crisis. Es vital que los líderes mantengan una comunicación abierta y transparente con sus inversionistas, involucrándolos en las decisiones que afectarán la viabilidad financiera de la organización. Una crisis económica puede desestabilizar los mercados y los flujos de capital, por lo que trabajar estrechamente con los inversionistas ayuda a garantizar una estabilidad a largo plazo.

Un caso emblemático de colaboración con inversionistas durante una crisis es el de Airbnb durante la pandemia de COVID-19. Con la cancelación masiva de reservas y las restricciones de viaje globales, la compañía enfrentaba una crisis existencial. Brian Chesky, el CEO de Airbnb, se reunió frecuentemente con los inversionistas clave para discutir las decisiones difíciles que debían tomarse, incluyendo la reducción de la fuerza laboral y la reestructuración de los negocios. Al mismo tiempo, Chesky trabajó con los anfitriones de Airbnb (una parte interesada fundamental) para implementar políticas flexibles de cancelación y apoyo financiero a aquellos que dependían de la plataforma como fuente de ingresos. Esta colaboración entre inversores, empleados y anfitriones ayudó a Airbnb a capear la tormenta y salir fortalecida al adaptarse a las nuevas realidades del mercado de alquileres a corto plazo.

La importancia de una cadena de suministro resiliente

Los proveedores también juegan un papel crítico en la toma de decisiones durante una crisis. Mantener una comunicación abierta y estratégica con ellos puede asegurar la continuidad del negocio, incluso cuando las cadenas de suministro globales se ven interrumpidas. Trabajar en colaboración con los proveedores puede significar ajustar acuerdos, flexibilizar plazos de entrega o incluso innovar en conjunto para encontrar soluciones alternativas.

Un ejemplo notable de esto es el caso de Apple y su relación con los proveedores durante la pandemia de COVID-19. Cuando los proveedores en China enfrentaron cierres y restricciones, Apple trabajó estrechamente con ellos para ajustar los cronogramas de producción y encontrar soluciones innovadoras para mantener la fabricación en marcha. Esta colaboración permitió a Apple evitar interrupciones significativas en su cadena de suministro y seguir lanzando productos clave, como el iPhone 12, en medio de la pandemia. Al priorizar la colaboración con los proveedores, Apple demostró la importancia de construir una cadena de suministro resiliente que pueda adaptarse a circunstancias imprevistas.

4.3. Evaluación y aprendizaje post-crisis

Superar una crisis es un logro significativo, pero el verdadero valor de la experiencia radica en la evaluación y el aprendizaje posterior. Los líderes exitosos no solo sobreviven a las crisis, sino que también utilizan estas experiencias para aprender, adaptarse y fortalecer a sus organizaciones para el futuro. La fase post-crisis es el momento ideal para reflexionar sobre lo que funcionó, lo que no, y cómo mejorar para enfrentar futuros desafíos.

El ciclo de evaluación: aprender de la crisis para fortalecerse

El primer paso para una evaluación post-crisis efectiva es reconocer que una crisis es una oportunidad para el aprendizaje organizacional. Esto implica crear un entorno donde todos los actores clave, desde empleados hasta proveedores, puedan compartir sus experiencias y perspectivas. La recopilación de información de todos los niveles de la organización proporciona una imagen más completa de lo que funcionó y lo que no.

Un ejemplo claro de la importancia de la evaluación post-crisis es el caso de Toyota después del terremoto y tsunami de Japón en 2011. La empresa automotriz experimentó importantes interrupciones en su cadena de suministro, lo que afectó su producción global. Sin embargo, Toyota adoptó un enfoque meticuloso de evaluación posterior. Analizó en profundidad cómo las interrupciones afectaron a la cadena de suministro y tomó medidas para diversificar sus proveedores, desarrollar fuentes alternativas de piezas críticas y aumentar la resiliencia de su red logística. Gracias a esta evaluación, Toyota no solo se recuperó rápidamente, sino que también mejoró su capacidad para manejar futuras crisis, como se vio durante la pandemia de COVID-19.

Identificación de fortalezas y debilidades

Una crisis puede revelar tanto las fortalezas como las debilidades de una organización. Durante la evaluación post-crisis, es crucial identificar qué procesos y sistemas funcionaron bien y cuáles necesitaron mejoras. Las áreas de debilidad pueden abordarse a través de nuevas estrategias, capacitación adicional o la implementación de tecnologías que mejoren la eficiencia y la resiliencia.

El caso de BP después del desastre de Deepwater Horizon en 2010 es un ejemplo emblemático de cómo las organizaciones deben aprender de sus errores. El derrame de petróleo en el Golfo de México fue una de las mayores crisis ambientales en la historia de Estados Unidos. Después del desastre, BP emprendió una revisión exhaustiva de sus prácticas operativas y de seguridad. Implementaron nuevas normas de seguridad, mejoraron la formación de los empleados y realizaron cambios estructurales en su modelo de gestión de riesgos. Esta evaluación les permitió no solo evitar futuras crisis, sino también restablecer su reputación como una compañía que prioriza la seguridad y el bienestar ambiental.

Establecer protocolos de resiliencia y respuesta rápida

Un aprendizaje clave post-crisis es la importancia de tener protocolos establecidos para responder rápidamente a futuros desafíos. Esto incluye la creación de planes de contingencia claros, la capacitación continua de los equipos y la adopción de tecnologías que permitan una respuesta más ágil. Las organizaciones que tienen planes de crisis sólidos pueden adaptarse más rápidamente y mitigar el impacto de situaciones imprevistas.

Un buen ejemplo de este enfoque es Southwest Airlines, que ha demostrado ser una de las aerolíneas más resilientes durante múltiples crisis. Desde los ataques del 11 de septiembre hasta la recesión de 2008, Southwest ha evaluado cada crisis para aprender lecciones valiosas. La compañía ha implementado protocolos claros que le permiten ajustar rápidamente sus operaciones, mejorar su comunicación interna y optimizar su gestión de costos. Esta capacidad de adaptación ha permitido a Southwest mantenerse competitiva incluso en los momentos más difíciles para la industria aérea.

Construir una cultura de aprendizaje continuo

Una de las lecciones más importantes que las organizaciones pueden aprender de una crisis es la importancia de construir una cultura de aprendizaje continuo. Las empresas que fomentan la innovación, el intercambio de ideas y la adaptabilidad están mejor preparadas para enfrentar futuros desafíos. Esta cultura no solo mejora la capacidad de la organización para manejar crisis, sino que también impulsa la innovación y el crecimiento a largo plazo.

Un ejemplo de esto es Netflix, que ha utilizado varias crisis como oportunidades para aprender y evolucionar. Cuando la compañía decidió cambiar su modelo de negocio de alquiler de DVDs a transmisión en línea, enfrentó una reacción adversa del público.

Sin embargo, en lugar de retroceder, Netflix evaluó cuidadosamente la crisis y aprendió de sus errores en la comunicación con los clientes. Implementó mejoras en su plataforma de transmisión y adaptó su enfoque de marketing. Como resultado, Netflix no solo superó la crisis, sino que también se convirtió en una de las principales plataformas de entretenimiento digital a nivel mundial.

CAPÍTULO 5: CASOS DE ESTUDIO: LECCIONES DEL MUNDO REAL

En la historia económica moderna, pocas experiencias han dejado una marca tan profunda como la crisis financiera de 2008. Este evento no solo puso en evidencia las debilidades estructurales de los mercados financieros y la gestión del riesgo en todo el mundo, sino que también ofreció valiosas lecciones para empresarios, ejecutivos, inversores y gobiernos sobre cómo navegar en un entorno incierto y volátil. Comprender los errores cometidos y cómo se abordaron es esencial para evitar las mismas trampas en el futuro y construir organizaciones más resistentes.

5.1. Lecciones de la crisis financiera de 2008

La crisis financiera de 2008, desencadenada por el colapso del mercado inmobiliario en los Estados Unidos, afectó a instituciones financieras, mercados de capital y economías enteras. Desde grandes corporaciones hasta pequeños negocios, todos se vieron afectados por la desaceleración económica. Sin embargo, este evento también fue una llamada de atención para muchas empresas y profesionales, quienes aprendieron lecciones valiosas sobre cómo gestionar el riesgo, ser ágiles en la toma de decisiones y construir resiliencia en sus operaciones.

Lección 1: La Importancia de la Gestión de Riesgos

Una de las principales causas de la crisis fue la falta de una adecuada gestión de riesgos por parte de las instituciones financieras. Muchas de ellas, confiadas en el continuo crecimiento del mercado inmobiliario, adoptaron prácticas que subestimaron la posibilidad de un colapso. Las hipotecas subprime y los complejos productos derivados basados en esas hipotecas fueron el epicentro del colapso, y demostraron que no evaluar adecuadamente los riesgos puede tener consecuencias catastróficas.

Para los líderes empresariales y los emprendedores de hoy, esta lección es clara: una sólida gestión de riesgos es fundamental para la sostenibilidad de cualquier negocio. Esto significa no solo analizar los riesgos evidentes, sino también tener en cuenta los escenarios improbables o adversos. Tener sistemas de control internos que detecten posibles señales de alarma y desarrollar estrategias de mitigación de riesgos, como la diversificación de productos, mercados y fuentes de ingresos, son medidas esenciales.

Reflexión estratégica: ¿Tu empresa tiene un enfoque proactivo para la gestión de riesgos? ¿Estás preparado para lo inesperado? Adoptar herramientas analíticas modernas y monitorear de cerca las tendencias del mercado puede ayudarte a identificar riesgos antes de que se conviertan en problemas críticos.

Lección 2: La Necesidad de Transparencia y Ética

Otra lección clave fue la falta de transparencia y ética en los mercados financieros. La creación y venta de productos financieros complejos sin un entendimiento completo por parte de los compradores llevó a un colapso de la confianza entre las instituciones y los inversionistas. Muchas empresas y bancos no eran claros sobre los riesgos reales que enfrentaban, lo que agravó la situación.

La crisis financiera mostró que la confianza y la transparencia son pilares fundamentales en cualquier negocio, ya sea con clientes, socios o inversores. Hoy en día, los consumidores valoran más que nunca la honestidad y la ética en las organizaciones con las que interactúan. Aquellas empresas que operan de manera ética y transparente son las que logran sobrevivir y prosperar a largo plazo.

Reflexión estratégica: ¿Cómo está construyendo tu organización una cultura de transparencia? El liderazgo ético no solo es lo correcto, sino que también es una ventaja competitiva en un mundo donde la confianza del consumidor es más crítica que nunca. La adopción de políticas que promuevan la honestidad, la responsabilidad y la rendición de cuentas será clave para tu éxito sostenido.

Lección 3: Flexibilidad y Capacidad de Adaptación

La crisis también dejó al descubierto la rigidez de muchas empresas y su incapacidad para adaptarse rápidamente a los cambios. Mientras que algunas empresas financieras y corporaciones globales se tambalearon bajo la presión de la recesión, otras que eran más ágiles en su estructura organizativa y en su toma de decisiones lograron capear el temporal con mayor facilidad.

Las empresas que sobrevivieron y prosperaron fueron aquellas que demostraron flexibilidad, no solo en términos operativos, sino también estratégicos. Estas empresas ajustaron rápidamente sus modelos de negocio, diversificaron sus productos y servicios, y adoptaron nuevas tecnologías para adaptarse a las nuevas realidades del mercado. Aquellos negocios que se aferraron a viejas formas de operar, sin embargo, fueron los más vulnerables al colapso.

Reflexión estratégica: En un mundo que cambia rápidamente, la adaptabilidad es más importante que nunca. Pregúntate: ¿está tu empresa preparada para el cambio? La crisis de 2008 nos enseñó que las organizaciones que son ágiles, flexibles y dispuestas a innovar son las que sobreviven y prosperan en tiempos de crisis.

Lección 4: El Valor de la Diversificación

La crisis puso de relieve la importancia de la diversificación como estrategia para mitigar el riesgo. Las empresas que dependían demasiado de un solo mercado, producto o fuente de ingresos se encontraron en una situación extremadamente vulnerable cuando ese sector se desplomó. En contraste, las empresas con un portafolio diversificado de productos, servicios o inversiones lograron equilibrar mejor las pérdidas en un área con ganancias en otra.

La diversificación no solo se refiere a productos o servicios, sino también a la geografía. Empresas que habían expandido su presencia a nivel global, especialmente en mercados emergentes, se vieron menos afectadas por el colapso de los mercados financieros de EE.UU. y Europa.

Reflexión estratégica: ¿Estás diversificando tus fuentes de ingresos? Depender demasiado de una sola fuente de ingresos o de un solo mercado puede ser arriesgado. Hoy en día, los líderes empresariales deben pensar globalmente y buscar oportunidades en diferentes sectores y mercados para construir una operación más robusta y resiliente.

Lección 5: La Importancia de las Reservas de Capital

Uno de los problemas más graves que enfrentaron muchas empresas durante la crisis fue la falta de liquidez. Muchas compañías habían sobreextendido su capital, asumiendo que las condiciones del mercado continuarían siendo favorables. Cuando llegó el colapso, no tenían suficientes reservas para sostener sus operaciones, lo que las llevó al cierre o a buscar rescates financieros.

La lección aquí es clara: las empresas deben mantener reservas adecuadas de capital para enfrentar tiempos difíciles. La liquidez no solo te da la capacidad de resistir crisis económicas, sino también la flexibilidad para aprovechar oportunidades que puedan surgir en tiempos de recesión, como adquisiciones estratégicas o expansión a nuevos mercados.

Reflexión estratégica: ¿Estás administrando bien tu capital? Mantener un colchón financiero sólido puede ser la diferencia entre sobrevivir una crisis o colapsar ante ella. Desarrollar una estrategia financiera sólida que incluya la construcción de reservas de efectivo es una medida prudente para cualquier empresa.

Lección 6: Innovación en Tiempos de Crisis

Algunas de las empresas más exitosas emergieron de la crisis de 2008 no solo sobreviviendo, sino innovando. La recesión forzó a muchas compañías a reevaluar sus modelos de negocio y encontrar nuevas maneras de generar ingresos. Empresas como Airbnb y Uber, que surgieron durante y después de la crisis, demostraron que las crisis también pueden ser momentos de grandes oportunidades.

La clave para innovar en tiempos de crisis es tener una mentalidad abierta y estar dispuesto a romper con lo convencional. Las empresas que vieron la crisis no como una amenaza, sino como una oportunidad para reinventarse, salieron fortalecidas y listas para capitalizar la recuperación económica.

Reflexión estratégica: ¿Estás preparado para innovar en tiempos de crisis? La innovación no debe ser un lujo solo para los buenos tiempos. Las crisis son oportunidades para reinventarse, rediseñar procesos y encontrar nuevas formas de crear valor para tus clientes.

La crisis financiera de 2008 fue un recordatorio brutal de lo impredecible que puede ser el entorno económico global. Sin embargo, también nos enseñó que, con la estrategia correcta, las empresas pueden no solo sobrevivir, sino prosperar en tiempos de incertidumbre. La clave está en gestionar los riesgos de manera proactiva, mantener la transparencia y la ética, ser flexible y adaptable, diversificar adecuadamente, mantener reservas de capital y estar siempre listos para innovar.

Las empresas que adoptan estas lecciones no solo están mejor preparadas para enfrentar futuras crisis, sino que también están en una posición más sólida para capitalizar las oportunidades que esas crisis puedan presentar. Las crisis son inevitables, pero el fracaso no tiene por qué serlo. Las decisiones que tomes hoy definirán tu capacidad para enfrentar la próxima tormenta económica.

Continuando con el análisis profundo de las lecciones aprendidas de eventos de impacto global, es imposible ignorar la crisis del COVID-19, otro hito crítico que puso a prueba a empresas, gobiernos y sistemas económicos de todo el mundo. La pandemia de 2020 trajo desafíos sin precedentes, forzando a las empresas a replantear sus estrategias, y a adaptarse rápidamente en un entorno de incertidumbre extrema. Trasladándonos del colapso financiero de 2008 a la gestión de la pandemia del COVID-19, encontramos patrones comunes de resiliencia, innovación y adaptación.

5.2. La gestión de la pandemia del COVID-19

La pandemia del COVID-19 afectó de manera global, pero también puso en evidencia la capacidad de las empresas para actuar rápida y eficazmente en tiempos de incertidumbre. La gestión de esta crisis dejó importantes lecciones para el mundo empresarial que no solo siguen siendo válidas, sino que también subrayan muchos de los principios derivados de la crisis financiera de 2008. A continuación, exploramos algunas de las lecciones más críticas de la pandemia.

Lección 1: La Adaptabilidad es Clave

La velocidad a la que se desarrolló la pandemia obligó a las empresas a adaptarse en tiempo récord. Desde la transición a modelos de trabajo remoto hasta la reconfiguración de cadenas de suministro, las organizaciones tuvieron que ser extremadamente ágiles para sobrevivir. Empresas que ya habían invertido en tecnologías digitales, como soluciones de trabajo en la nube, plataformas de comercio electrónico y herramientas colaborativas, pudieron adaptarse rápidamente y continuar operando a pesar del confinamiento y las restricciones.

Las empresas que demostraron mayor adaptabilidad, desde pequeñas startups hasta grandes corporaciones, pudieron pivotar rápidamente hacia nuevos modelos de negocio. Por ejemplo, las industrias de la restauración y el comercio minorista que se volcaron hacia la entrega a domicilio o al comercio online encontraron una manera de seguir adelante a pesar del cierre físico de sus establecimientos.

Reflexión estratégica: La adaptabilidad en los negocios no es solo un ideal, es una necesidad en tiempos de crisis. Las empresas deben ser lo suficientemente ágiles para pivotar cuando las circunstancias cambian radicalmente. Pregúntate: ¿Tu organización está preparada para cambiar de rumbo cuando sea necesario?

Lección 2: La Importancia de la Tecnología y la Digitalización

La pandemia aceleró una tendencia que ya estaba en marcha: la digitalización. Desde la adopción masiva del comercio electrónico hasta la implementación de tecnologías de inteligencia artificial (IA) para gestionar operaciones remotas, el COVID-19 obligó a las empresas a abrazar el mundo digital como nunca antes. Las compañías que ya habían comenzado este proceso de transformación digital antes de la pandemia, como Amazon, vieron un crecimiento exponencial.

Además, la tecnología permitió a las empresas mantener la continuidad operativa en circunstancias muy desafiantes. Herramientas como Zoom, Slack y Microsoft Teams se convirtieron en esenciales para la colaboración remota. Las soluciones basadas en la nube permitieron a las organizaciones mantener la productividad de sus empleados sin importar dónde se encontraran.

Reflexión estratégica: La transformación digital ya no es una opción, sino una obligación. La inversión en tecnología no solo prepara a las empresas para el futuro, sino que también las fortalece para enfrentar crisis imprevistas. ¿Tu empresa está aprovechando las herramientas digitales para aumentar la eficiencia y la resiliencia?

Lección 3: La Diversificación de las Cadenas de Suministro es Vital

Un impacto importante del COVID-19 fue la interrupción de las cadenas de suministro globales. Desde la escasez de productos esenciales hasta el retraso en la entrega de bienes, la pandemia demostró lo frágiles que eran las cadenas de suministro globales. Muchas empresas dependían de un solo proveedor o región geográfica, y cuando estos se vieron afectados por cierres o restricciones, sus operaciones quedaron paralizadas.

A raíz de la pandemia, muchas empresas comenzaron a diversificar sus cadenas de suministro, buscando múltiples proveedores y fuentes de materiales en diferentes regiones. Esto no solo ayudó a mitigar el riesgo durante la pandemia, sino que también fortaleció las operaciones a largo plazo, preparándolas mejor para futuras crisis.

Reflexión estratégica: ¿Estás diversificando tus fuentes de suministro? Depender de un único proveedor o región es arriesgado. El COVID-19 nos enseñó que tener una red de suministro diversificada es clave para la resiliencia empresarial.

Lección 4: La Importancia del Bienestar y el Cuidado del Talento

La pandemia también subrayó la importancia de cuidar el bienestar físico y mental de los empleados. El estrés y la incertidumbre relacionados con la crisis sanitaria, junto con la transición al trabajo remoto, afectaron a millones de trabajadores en todo el mundo. Las empresas que se tomaron en serio el bienestar de sus empleados, ofreciendo apoyo emocional, flexibilidad y recursos de salud mental, vieron mayores niveles de satisfacción, compromiso y productividad.

Aquellas empresas que, en lugar de priorizar las ganancias a corto plazo, invirtieron en el bienestar de su talento, construyeron una base más fuerte para el éxito a largo plazo. Por el contrario, las empresas que no abordaron las necesidades de sus empleados se enfrentaron a una mayor rotación de personal y una disminución en la moral.

Reflexión estratégica: ¿Estás invirtiendo en el bienestar de tu equipo? El capital humano es el activo más valioso de cualquier organización, y la crisis del COVID-19 demostró que cuidar de tus empleados es clave para la sostenibilidad y el éxito a largo plazo.

Lección 5: La Capacidad de Innovación en Tiempos de Crisis

Una de las mayores lecciones del COVID-19 fue que las crisis también pueden ser catalizadores para la innovación. Al igual que en la crisis financiera de 2008, muchas empresas vieron en el caos una oportunidad para reinventarse. Desde empresas que transformaron rápidamente sus líneas de producción para fabricar mascarillas y equipos médicos, hasta otras que lanzaron nuevos productos y servicios para satisfacer las cambiantes demandas de los consumidores, la innovación fue una respuesta clave para sobrevivir.

Un ejemplo notable es el rápido crecimiento de las plataformas de telemedicina y servicios de salud digital. Lo que alguna vez fue un mercado de nicho se convirtió en una necesidad durante la pandemia, y las empresas que se adaptaron rápidamente a esta nueva realidad experimentaron un crecimiento sin precedentes.

Reflexión estratégica: ¿Estás preparado para innovar durante una crisis? Las empresas que son capaces de ver más allá de las dificultades y aprovechar las oportunidades que surgen en tiempos de crisis son las que logran mantenerse a la vanguardia.

5.3. Recuperación empresarial después de una crisis

Superada la crisis sanitaria más aguda del COVID-19, muchas empresas enfrentaron el reto de reconstruirse. La recuperación no es solo una cuestión de retomar el crecimiento, sino también de aprender de la crisis para fortalecer las operaciones y estar mejor preparados para el futuro. A continuación, analizamos algunos de los enfoques más exitosos de recuperación empresarial después de una crisis.

Lección 1: Resiliencia Organizativa y Sostenibilidad

Después de cualquier crisis, la resiliencia es uno de los factores más importantes para la recuperación. La resiliencia organizativa no se trata solo de resistir el impacto inmediato de una crisis, sino también de adaptarse, innovar y salir más fuerte del otro lado. Las empresas que lograron adaptarse con éxito después de la crisis del COVID-19 lo hicieron gracias a su capacidad para tomar decisiones rápidas, adoptar nuevas tecnologías y estrategias, y ajustar sus modelos de negocio según las nuevas realidades del mercado.

Una parte clave de la resiliencia también es la sostenibilidad. Las empresas que integraron prácticas sostenibles en su estrategia a largo plazo no solo contribuyeron a mejorar su reputación, sino que también construyeron modelos de negocio más resistentes y preparados para futuras crisis. La sostenibilidad no es solo una tendencia, sino una estrategia fundamental para mitigar riesgos futuros.

Reflexión estratégica: ¿Tu empresa es lo suficientemente resiliente? Desarrollar una organización resistente implica fortalecer cada aspecto del negocio, desde las finanzas hasta la cultura organizativa y la tecnología.

Lección 2: Reconstrucción de Relaciones con Clientes y Comunidades

Después de una crisis, las empresas que se centran en reconstruir y fortalecer sus relaciones con los clientes y las comunidades locales tienden a recuperarse más rápido. Durante la pandemia, muchas empresas se vieron obligadas a cerrar temporalmente o a reducir sus servicios, lo que debilitó su relación con los clientes. La recuperación exitosa depende en gran medida de la capacidad de reestablecer la confianza y la lealtad de los clientes.

Además, las empresas que colaboraron con sus comunidades y apoyaron esfuerzos locales durante la crisis vieron un mayor retorno en términos de apoyo y lealtad. En tiempos de crisis, las relaciones son fundamentales, y las empresas que se involucran de manera activa con sus clientes y las comunidades están mejor posicionadas para prosperar en la recuperación.

Reflexión estratégica: ¿Cómo estás reconstruyendo las relaciones con tus clientes? El enfoque en la empatía, la transparencia y el compromiso con la comunidad local puede ser un factor diferenciador en la recuperación.

Lección 3: Flexibilidad Financiera y Capitalización Estratégica

Una de las claves de la recuperación empresarial es la gestión eficaz de las finanzas. Después de una crisis, es esencial que las empresas revisen sus modelos financieros y enfoquen sus esfuerzos en construir una mayor flexibilidad financiera. Esto incluye mantener reservas de efectivo, reducir el endeudamiento y buscar fuentes alternativas de financiamiento cuando sea necesario.

Empresas que lograron estabilizar sus finanzas durante la pandemia, utilizando herramientas como financiamiento gubernamental o medidas de austeridad, fueron capaces de retomar sus operaciones más rápidamente.

La gestión de la crisis del COVID-19 y la recuperación posterior resaltaron la importancia de la adaptación ágil, la transformación digital, la resiliencia financiera y el bienestar del equipo. Las lecciones aprendidas de esta pandemia continúan siendo relevantes para preparar a las organizaciones para futuras crisis.

Lección	Crisis Financiera 2008	Pandemia COVID-19	Recuperación Empresarial
Adaptabilidad	Las empresas que ajustaron sus modelos de negocio rápidamente sobrevivieron mejor.	La adopción rápida de nuevas estrategias y modelos de negocio (p. ej., trabajo remoto, comercio electrónico) fue esencial.	La capacidad de pivotar rápidamente mejora las posibilidades de éxito a largo plazo.
Transformación Digital	La tecnología comenzó a desempeñar un papel más importante en la recuperación post-crisis.	La aceleración de la digitalización fue clave (teletrabajo, plataformas de colaboración, e-commerce).	La inversión en tecnología es vital para la sostenibilidad y la agilidad post-crisis.
Diversificación de Cadenas de Suministro	Las empresas se dieron cuenta de la importancia de diversificar sus fuentes de financiación y proveedores.	La interrupción global reveló la fragilidad de las cadenas de suministro. Empresas diversificaron proveedores y ajustaron operaciones.	La diversificación de las cadenas de suministro fortalece la resiliencia operativa.
Bienestar de los Empleados	La crisis subrayó la importancia de la gestión del talento, aunque no fue un enfoque central.	Las empresas que priorizaron el bienestar físico y mental de sus empleados vieron	Cuidar del capital humano mejora la lealtad y el rendimiento durante la

		mejores resultados en moral y productividad.	recuperación.
Innovación en Tiempos de Crisis	La innovación fue clave para las empresas que pudieron capitalizar nuevas oportunidades.	Las crisis impulsaron la innovación: nuevos productos, servicios y modelos surgieron durante la pandemia.	La crisis es una oportunidad para reinventar procesos y acelerar el crecimiento.
Resiliencia Organizativa	Las empresas resilientes sobrevivieron mejor a los cambios drásticos del mercado.	La capacidad de recuperación fue crítica: las empresas más resilientes se adaptaron rápidamente.	La resiliencia organizativa es clave para superar cualquier crisis a largo plazo.
Flexibilidad Financiera	Empresas con reservas financieras y gestión eficaz del capital sobrevivieron mejor.	La capacidad de gestionar de manera estratégica los recursos financieros fue esencial.	La creación de flexibilidad financiera es crítica para la recuperación sostenible.
Relación con Clientes y Comunidades	Las relaciones con los clientes y las comunidades fueron fundamentales para la recuperación.	Fortalecer la relación con los clientes y apoyar a las comunidades fue un pilar durante la pandemia.	Reconstruir relaciones es clave para el crecimiento post-crisis.

APÉNDICES

Apéndice A: Plantillas y Listas de Verificación para la Gestión de Crisis

La gestión de crisis es un proceso que requiere preparación, claridad y organización. Tener plantillas y listas de verificación predefinidas permite una rápida respuesta y garantiza que todos los aspectos críticos sean considerados durante una crisis. A continuación, se presentan herramientas prácticas para gestionar crisis, desde la planificación hasta la recuperación.

1. Lista de Verificación de Preparación Ante Crisis

Esta lista de verificación cubre los pasos esenciales que las organizaciones deben completar para estar adecuadamente preparadas ante posibles crisis. Asegurarse de que cada aspecto esté cubierto permite responder de manera efectiva y minimizar el impacto negativo.

- Identificación de posibles crisis: Cada organización debe comenzar con la identificación de las crisis potenciales que pueden surgir. Esto incluye tanto crisis internas (fallos tecnológicos, errores humanos, etc.) como externas (desastres naturales, cambios regulatorios, pandemias, etc.).

- Definición del equipo de gestión de crisis: Se debe asignar un equipo específico de gestión de crisis que incluirá líderes clave en áreas críticas de la organización. Este equipo debe tener roles bien definidos para evitar confusión en tiempos de crisis. Incluye la designación de un líder principal, responsable de la toma de decisiones, y de subgrupos encargados de la comunicación, operaciones y logística.

- Protocolo de comunicación interna y externa: El protocolo de comunicación es fundamental para garantizar que la información fluya correctamente. Define qué canales de comunicación se utilizarán (email, mensajería instantánea, reuniones de emergencia) y quién será responsable de cada parte de la comunicación. El flujo de información debe ser claro, conciso y constante tanto para empleados como para partes interesadas externas, incluidos los medios de comunicación.

- Plan de continuidad de operaciones: Este es un componente crucial que garantiza que la organización siga funcionando durante y después de una crisis. Incluye estrategias para continuar operaciones clave, la delegación de tareas esenciales y el uso de soluciones tecnológicas como trabajo remoto, infraestructura en la nube o servidores de respaldo.

- Recursos y herramientas disponibles: Asegúrate de que los recursos necesarios para enfrentar la crisis estén disponibles. Esto incluye equipos de emergencia, tecnología para trabajo remoto, líneas telefónicas de emergencia, y personal clave que pueda ser movilizado rápidamente.

- Simulacros y ejercicios de crisis: No basta con tener un plan; es esencial realizar simulacros periódicos. Estos ejercicios ayudan a identificar puntos débiles en el plan y entrenar al equipo para reaccionar con rapidez y eficacia. Realizar simulaciones de crisis específicas para diferentes escenarios es clave para mejorar la capacidad de respuesta.

2. Plantilla de Evaluación de Impacto

Una crisis puede afectar diferentes áreas de una organización en distintos niveles. Para tomar decisiones informadas y priorizar acciones, se debe realizar una evaluación detallada del impacto. La siguiente plantilla ayuda a documentar y evaluar el daño causado por la crisis.

- Descripción de la crisis: Define claramente cuál es la crisis en curso. Puede ser un fallo tecnológico, una violación de datos, una catástrofe natural o cualquier otro incidente. Proporciona una descripción detallada, especificando qué ha desencadenado la crisis y cuál es su alcance inicial.

- Áreas afectadas: Determina las áreas específicas de la organización que han sido impactadas. Esto puede incluir áreas de operaciones, finanzas, recursos humanos, tecnología de la información, ventas, marketing, etc. Documentar el impacto en cada área ayudará a priorizar las respuestas.

- Impacto en operaciones (breve/largo plazo): Clasifica el impacto como de corto o largo plazo. Algunas crisis pueden tener un impacto inmediato pero limitado en el tiempo, mientras que otras pueden afectar significativamente las operaciones durante semanas o meses. Evaluar el alcance temporal de la crisis es esencial para la planificación de la recuperación.

- Evaluación de daños financieros: Estima las pérdidas financieras directas e indirectas causadas por la crisis. Las pérdidas directas pueden incluir la destrucción de activos, pérdida de ingresos, costos de reparación o multas, mientras que las pérdidas indirectas podrían incluir una disminución en la productividad o la pérdida de oportunidades futuras.

- Evaluación de reputación: Evalúa el impacto de la crisis en la reputación de la organización. Esto puede incluir una disminución en la confianza del cliente, daño a la imagen pública o reacciones negativas de los medios. La percepción pública puede ser crucial para la recuperación a largo plazo.

3. Plan de Comunicación en Crisis

La comunicación es clave durante una crisis. Un plan bien estructurado garantiza que la información fluya de manera efectiva hacia todos los interesados, incluyendo empleados, clientes, proveedores y el público en general. La siguiente plantilla de plan de comunicación asegura que cada grupo clave esté informado.

- Audiencia objetivo: Identifica las diferentes audiencias que necesitan estar informadas durante la crisis. Esto puede incluir empleados, directivos, clientes, socios comerciales, medios de comunicación y reguladores. Cada grupo debe recibir la información que sea relevante y específica para sus necesidades.

- Canales de comunicación (internos/externos): Establece los canales que se utilizarán para la comunicación tanto interna como externa. Para la comunicación interna, se puede utilizar correo electrónico, plataformas de mensajería instantánea como Slack, o sistemas de videoconferencia. Para la comunicación externa, es importante considerar el uso de comunicados de prensa, correos electrónicos a clientes y publicaciones en redes sociales.

- Frecuencia de actualizaciones: Define con qué frecuencia se proporcionarán actualizaciones a cada audiencia. Esto dependerá de la gravedad de la crisis, pero es esencial que la frecuencia sea suficiente para mantener a todos informados sin generar sobrecarga de información.

- Voceros designados: Asigna voceros responsables de comunicar la información oficial de la organización. Estos voceros deben estar bien entrenados para manejar la presión mediática y proporcionar información clara y precisa.

- Mensajes clave: Prepara mensajes clave que deben ser transmitidos a cada audiencia. Estos mensajes deben estar alineados con la estrategia de gestión de crisis y deben ser consistentes en todos los canales de comunicación.

- Protocolos de respuesta a medios: Proporciona a los voceros pautas claras para interactuar con los medios de comunicación. Esto incluye respuestas a preguntas difíciles, el manejo de rumores y la forma de comunicar los avances en la resolución de la crisis.

4. Plantilla de Respuesta Rápida

La capacidad de respuesta rápida en las primeras etapas de una crisis es crucial para mitigar su impacto. Esta plantilla de respuesta rápida incluye los pasos inmediatos que deben tomarse al inicio de una crisis para contener el daño.

- Instrucciones inmediatas para el equipo de crisis: Al inicio de una crisis, el equipo de gestión debe recibir instrucciones claras sobre las acciones iniciales. Esto puede incluir activar el plan de contingencia, establecer un centro de operaciones de crisis y movilizar recursos esenciales.

- Tareas clave: Las tareas prioritarias que deben realizarse incluyen la evaluación inicial de la situación, el cierre temporal de operaciones si es necesario, la notificación a las partes interesadas clave y la activación del equipo de comunicación.

- Asignación de roles: Es fundamental que cada miembro del equipo de crisis tenga un rol definido y sepa qué áreas son de su responsabilidad. La claridad en la asignación de roles evita la duplicación de esfuerzos y asegura una respuesta coordinada.

- Línea de tiempo para la implementación: Define una línea de tiempo clara para la implementación de cada paso del plan de respuesta. Las decisiones rápidas son necesarias para contener la crisis y minimizar los daños.

5. Lista de Verificación de Recuperación Post-Crisis

Una vez que se ha gestionado la crisis, el proceso de recuperación es crucial para restablecer la normalidad y aprender de la experiencia. La siguiente lista de verificación guía a las organizaciones en este proceso.

- Revisión de daños: Realiza una evaluación exhaustiva de los daños causados por la crisis. Esto incluye tanto daños físicos como financieros y de reputación.

- Informes de evaluación: Prepara informes detallados que resuman la crisis, su gestión y el impacto en la organización. Estos informes son esenciales para comunicar los resultados a la alta dirección y otras partes interesadas.

- Plan de recuperación: Desarrolla un plan de recuperación que incluya las acciones necesarias para restaurar las operaciones normales, reparar los daños y compensar a las partes afectadas.

- Comunicación con partes interesadas: Mantén a las partes interesadas informadas sobre el progreso en la recuperación. Esto incluye a clientes, empleados, socios y reguladores.

- Análisis retrospectivo y lecciones aprendidas: Una vez superada la crisis, es crucial realizar un análisis retrospectivo para identificar qué funcionó bien y qué aspectos deben mejorarse. Esto ayudará a mejorar el plan de gestión de crisis para el futuro.

- Ajustes en el plan de manejo de crisis: Con base en las lecciones aprendidas, ajusta el plan de manejo de crisis para incluir mejoras y actualizar procedimientos.

Apéndice B: Recursos y Herramientas para la Evaluación de Riesgos

La evaluación de riesgos es una parte esencial de la planificación ante crisis. Contar con los recursos y herramientas adecuados permite a las organizaciones identificar riesgos antes de que se conviertan en crisis y mitigar sus efectos de manera proactiva.

1. Software de Evaluación de Riesgos

El uso de software especializado puede mejorar significativamente la capacidad de una organización para identificar y gestionar riesgos. A continuación se describen algunas herramientas populares de evaluación de riesgos:

- RiskWatch: Este software proporciona una solución integral para la gestión de riesgos y cumplimiento normativo. Permite realizar evaluaciones de riesgo continuas, con alertas automáticas cuando se identifican problemas críticos. Además, facilita la documentación y el seguimiento de las medidas correctivas.

- LogicManager: Esta plataforma permite a las organizaciones gestionar sus riesgos empresariales a través de un enfoque automatizado. LogicManager ofrece una interfaz intuitiva que ayuda a las empresas a identificar riesgos, evaluar su impacto y desarrollar planes de mitigación.

- Resolver: Resolver es una herramienta avanzada que combina la evaluación de riesgos con análisis predictivo, lo que permite a las organizaciones no solo identificar riesgos actuales, sino también anticiparse a posibles crisis futuras. Esto es particularmente útil para grandes empresas con operaciones complejas.

2. Metodologías para la Evaluación de Riesgos

La adopción de metodologías estructuradas ayuda a las organizaciones a realizar evaluaciones de riesgo de manera sistemática y efectiva. Algunas de las metodologías más utilizadas son:

- Análisis FODA (Fortalezas, Oportunidades, Debilidades y Amenazas): Esta metodología proporciona un enfoque sencillo pero eficaz para identificar tanto factores internos como externos que pueden influir en la capacidad de la organización para enfrentar una crisis.

- ISO 31000: Este estándar internacional ofrece principios y directrices para la gestión de riesgos empresariales. Al adoptar ISO 31000, las organizaciones pueden crear un marco robusto para la identificación, evaluación y tratamiento de riesgos de manera coherente y estructurada.

- Análisis de Impacto en el Negocio (BIA): El BIA es una herramienta crítica que permite evaluar el impacto potencial de una interrupción en las operaciones clave de la organización. El BIA identifica procesos empresariales esenciales y cuantifica las consecuencias de su interrupción, proporcionando información valiosa para la planificación de la recuperación.

3. Guías y Documentos de Referencia

Existen diversas guías y documentos que pueden servir como referencia para organizaciones que buscan fortalecer su capacidad de gestión de riesgos y manejo de crisis. Algunos de los más relevantes son:

- Guía del PMI (Project Management Institute) para la Gestión de Riesgos en Proyectos: Esta guía ofrece un enfoque específico para gestionar riesgos dentro del contexto de proyectos empresariales, proporcionando herramientas y técnicas para la identificación y mitigación de riesgos en todas las fases del proyecto.

- Manual de Gestión de Crisis de la Cruz Roja Internacional: Este manual ofrece pautas detalladas para la gestión de crisis humanitarias y puede adaptarse a las necesidades de organizaciones que enfrentan desastres naturales o emergencias de gran escala.

- Normas ISO 22301: La ISO 22301 establece los requisitos para un sistema de gestión de continuidad del negocio. Proporciona una guía detallada para garantizar que las organizaciones puedan continuar operando durante y después de una crisis.

4. Recursos para la Formación de Equipos

El éxito en la gestión de crisis depende en gran medida de la capacidad del equipo responsable. A continuación, se presentan algunos recursos de formación que pueden ayudar a mejorar las habilidades de gestión de riesgos y crisis:

- Cursos en línea (Coursera, Udemy, edX): Estas plataformas ofrecen una amplia gama de cursos sobre gestión de riesgos, manejo de crisis y continuidad del negocio. Los cursos en línea permiten que los empleados se capaciten de manera flexible y a su propio ritmo.

- Certificaciones de Gestión de Riesgos (RIMS, IRM): Obtener una certificación profesional en gestión de riesgos puede mejorar significativamente las capacidades de un equipo de crisis. Organizaciones como el Risk Management Society (RIMS) y el Institute of Risk Management (IRM) ofrecen certificaciones reconocidas a nivel mundial.

- Webinars y conferencias especializadas: Participar en webinars y conferencias sobre gestión de riesgos y crisis permite a los equipos estar actualizados sobre las últimas tendencias, herramientas y metodologías.

Apéndice C: Casos Adicionales y Ejemplos Prácticos

Este apéndice incluye una serie de casos adicionales y ejemplos prácticos que ilustran cómo las empresas han enfrentado situaciones de crisis y gestionado riesgos de manera efectiva. Los siguientes ejemplos abarcan diversos sectores y tipos de crisis, proporcionando lecciones valiosas para las organizaciones que buscan mejorar sus capacidades de respuesta.

Caso 1: Gestión de Crisis en el Sector Financiero - El Colapso de Lehman Brothers

En 2008, la caída de Lehman Brothers fue un punto de inflexión en la crisis financiera global. Este caso destaca la importancia de la gestión de riesgos financieros y la falta de previsión de la empresa ante los crecientes riesgos en el mercado de hipotecas subprime. La falta de diversificación en los activos y una gestión de riesgos inadecuada contribuyeron a su colapso.

Lecciones clave:

- La necesidad de un enfoque proactivo en la identificación de riesgos financieros.

- La importancia de mantener una diversificación adecuada en los activos.

- La necesidad de una comunicación transparente con las partes interesadas durante una crisis financiera.

Caso 2: Respuesta a un Desastre Natural - Toyota y el Terremoto de Japón de 2011

El terremoto de Japón en 2011 y el posterior tsunami afectaron gravemente la cadena de suministro global de Toyota. La empresa, que depende de una red de proveedores global, enfrentó interrupciones significativas en la producción. Toyota respondió rápidamente mediante la activación de su plan de continuidad del negocio, la diversificación de proveedores y la implementación de un enfoque de producción ajustada para adaptarse a las limitaciones.

Lecciones clave:

- La importancia de la planificación para la continuidad del negocio frente a desastres naturales.

- La diversificación de la cadena de suministro es esencial para mitigar los riesgos globales.

- La agilidad operativa es fundamental para mantener la producción en situaciones de crisis.

Caso 3: Manejo de una Crisis de Reputación - El Escándalo de Volkswagen

En 2015, Volkswagen fue acusada de manipular las pruebas de emisiones de sus vehículos diésel. Este escándalo de fraude dañó gravemente la reputación de la empresa y resultó en sanciones financieras multimillonarias. Volkswagen tardó en responder a la crisis, lo que agravó el daño reputacional.

Lecciones clave:

- La necesidad de una respuesta rápida y transparente ante una crisis de reputación.

- La importancia de tener un plan de comunicación de crisis preparado.

- La adopción de medidas correctivas inmediatas puede mitigar el impacto a largo plazo.

Caso 4: Supervivencia en el Sector de Retail - La Reestructuración de JCPenney

En la década de 2010, JCPenney enfrentó una crisis financiera debido a la pérdida de cuota de mercado frente a competidores online. La empresa implementó una reestructuración agresiva bajo un nuevo liderazgo, que incluyó cierres de tiendas, rediseño de su estrategia de marketing y mejoras en la experiencia de cliente. Aunque fue un proceso largo y complicado, la empresa logró estabilizarse.

Lecciones clave:

- La reestructuración estratégica es a menudo necesaria para enfrentar crisis prolongadas.

- El enfoque en la experiencia del cliente y la modernización tecnológica es vital en sectores competitivos como el retail.

- La toma de decisiones difíciles, como el cierre de tiendas, puede ser esencial para la supervivencia a largo plazo.

Caso 5: Gestión de Riesgos Cibernéticos - El Ataque a Target en 2013

En 2013, Target sufrió un ciberataque que comprometió los datos de 40 millones de tarjetas de crédito y débito. El ataque afectó severamente la confianza de los consumidores y resultó en pérdidas financieras significativas. Target tomó medidas inmediatas, que incluyeron la mejora de sus protocolos de seguridad cibernética y la implementación de tecnologías de detección de amenazas.

Lecciones clave:

- La gestión de riesgos cibernéticos es crucial en un mundo cada vez más digitalizado.

- Las inversiones en ciberseguridad y tecnologías de monitoreo pueden reducir el riesgo de ataques.

- La comunicación rápida y clara con los clientes es esencial para mitigar el daño reputacional tras una violación de datos.

Bibliografía

1. Project Management Institute (PMI). Guía para la Dirección de Proyectos (PMBOK® Guide). 6ta Edición. Newtown Square, Pennsylvania: Project Management Institute, 2017.

2. International Organization for Standardization (ISO). ISO 31000:2018 – Gestión del riesgo: Directrices. Ginebra, Suiza: ISO, 2018.

3. Harrington, Lisa, Toyota Supply Chain Management: A Strategic Approach to the Principles of Toyota's Renowned System. McGraw-Hill Education, 2010.

4. Gleeson, Patrick. The Role of Risk Management in the Financial Crisis: A Study of Lehman Brothers and AIG. Financial Times Press, 2012.

5. Institute of Risk Management (IRM). A Risk Practitioner's Guide to ISO 31000: 2018. Londres: IRM, 2019.

6. Paine, Lynn S., Managing for Organizational Integrity: Legal, Ethical, and Moral Responsibilities. Harvard Business Review, 1994.

7. Beck, Ulrich, Risk Society: Towards a New Modernity. Sage Publications Ltd, 1992.

8. Bowers, Charles B., Reputation Risk: Risk Management Strategies for the Digital Era. Cambridge University Press, 2020.

9. Rice, Daniel y Wright, Charlie. Crisis Management: Leading through Tough Situations. Pearson Education, 2016.

10. Rodgers, Amy. Digital Security Risk and Modern Business: Tackling Threats in the Age of Big Data. Routledge, 2020.

FIN

www.ingramcontent.com/pod-product-compliance
Lightning Source LLC
Chambersburg PA
CBHW070410230526
45471CB00006B/2740